GRUNDKURS GÄRTNERN

Blumengarten

Philippe Ferret

Bassermann

Inhalt

8 Grundlagen — 4
1. Ein Blumenbeet auf einer Freifläche anlegen — 6
2. Einpflanzen der Blumen — 8
3. Zwiebeln setzen — 10
4. Sträucher pflanzen — 12
5. Pflanzen aus Samen ziehen — 14
6. Jungpflanzen wässern — 16
7. Neu gepflanzte Beete pflegen — 18
8. Krankheiten und Schädlinge bekämpfen — 20

Jahreskalender für Pflegemaßnahmen — 22

Der Blumengarten im Frühjahr — 24
- März: Lilien für den Sommer pflanzen — 26
- März: Zwiebelpflanzen und zweijährige Frühlingsblumen kombinieren — 27
- April: Ein Blütenmeer aus Zwiebeln — 28
- April: Zwiebeln für den Sommer setzen — 29
- April: Eine Handvoll Samen für ein Bauerngartenbeet — 30
- Mai: Ein buntes Beet im kühlen Schatten — 31
- Mai: Blühende Rosen pflanzen — 32
- Mai: Spaliere und Stützhilfe — 33
- Mai: Gewürzpflanzen in einem geometrisch angelegten Beet — 35

Der Blumengarten im Sommer — 36
- Juni: Rosen und Begleitpflanzen — 38
- Juni: Blumenmosaike in der Sonne — 39
- Juni: Die Lückenfüller nicht vergessen — 40
- Juli: Lassen wir sie nochmals blühen! — 41
- Juli: Abenddüfte — 42
- Juli: Ein Beet in warmen Farben — 43
- August: Ein Beet für den Hochsommer — 45

August: Frisch und aufgelockert	46
August: Kampf der Trockenheit!	47

Der Blumengarten im Herbst — 48

September: Ein Feuerwerk zum Abschied	50
September: Saubere Rasenkanten	51
September: Die Schönheit von Gräsern	52
Oktober: Ein Trio für den Herbst	53
Oktober: Eine Rabatte im Schatten	54
Oktober: Variationen mit bunten Blättern	55
November: Die Schönheit des Herbstes	57
November: Sträucher vor Frost schützen	58
November: Bodendecker setzen	59

Der Blumengarten im Winter — 60

Dezember: Buchsbaum-Topiari	62
Dezember: Pflanzen vor dem Winter beseitigen?	63
Januar: Winterheide pflanzen	64
Januar: Die ersten Frühblüher	65
Januar: Eine Wintersymphonie	67
Februar: Schnee und Eis	68
Februar: Begleitpflanzen für *Helleborus*-Arten	69

Porträts der 50 pflegeleichtesten Gartenblumen — 70

Glossar — 100

Register — 114

SYMBOLE

- Sonne
- Halbschatten
- Schatten
- Frostbeständigkeit
- Wasserbedarf
- Wuchshöhe
- Zeitaufwand
- Durchschnittliche Kosten
- Siehe auch

8 Grundlagen

Was man wissen sollte

für das Anlegen eines Blumengartens

GRUNDLAGEN

Grundlagen

1 Ein Blumenbeet

Eine freie Fläche verlockt stets zum Anlegen eines neuen Blumenbeetes, um den Gesamteindruck des Gartens weiter zu verbessern. Es erfordert allerdings auch ein wenig Arbeitsaufwand und Zeit.

Wann werden Beete angelegt?

Zwischen März und November. Zunächst gilt es, sich des Unkrauts zu entledigen, damit die Fläche frei ist und Sie sich einen Monat nach Arbeitsbeginn voll auf die Bepflanzung konzentrieren können.

Schritt für Schritt

1. Legen Sie die Umrisse des zukünftigen Beetes fest. Für eine runde Form eignet sich ein Gartenschlauch am besten.

2. Für geometrische Umrisse einschließlich rechter Winkel verwendet man eine zwischen Pflöcken gespannte Schnur oder ein Seil.

3. Warten Sie auf einen möglichst windstillen Tag, für den kein Regen vorhergesagt wurde, um mit einem Druckluft-Sprühbehälter ein Unkrautvernichtungsmittel mit dem Wirkstoff Glyphosat auf der gesamten markierten Fläche zu verteilen. Tragen Sie eine Atemmaske, und halten Sie den Sprühkopf direkt über den Boden. Warten Sie dann einen Monat ab, sodass das Mittel auch die Wurzeln der Unkräuter erreichen kann.

4. Graben Sie die Fläche des Beetes mit dem Spaten um. Ist der Boden sehr schwer, können Sie dazu auch eine Grabgabel nehmen. Ebnen Sie das Beet anschließend mit einer Harke ein.

ZUBEHÖR

eine Schnur oder ein Gartenschlauch, eine Druckluft-Sprühflasche, ein Spaten oder eine Grabgabel und eine Harke oder Gartenkralle

GUT ZU WISSEN

Wenn Sie die Umrisse des Beetes festgelegt haben, können Sie diese mit Sand oder Kalk markieren, damit die Schnur oder der Gartenschlauch nicht mehr im Weg sind. Zum Anlegen rechter Winkel ist eine Schablone aus zwei Brettern nützlich, an deren Rändern Sie den Spaten zum Ausstechen ansetzen können. Diese lässt sich z. B. leicht an einer Hausecke zusammennageln. Beim Umgraben können Sie gegebenenfalls auch gleich Kompost auf der gesamten Fläche untermischen.

SOS

Was mache ich mit hohen Unkrautpflanzen?
Schneiden Sie diese vor der Verwendung eines Unkrautvernichtungsmittels herunter. Gehen Sie dann wie beschrieben vor, und stechen Sie einen Monat später noch vorhandene Exemplare einzeln aus. Das Umgraben sollte nun einfach sein.

auf einer Freifläche anlegen

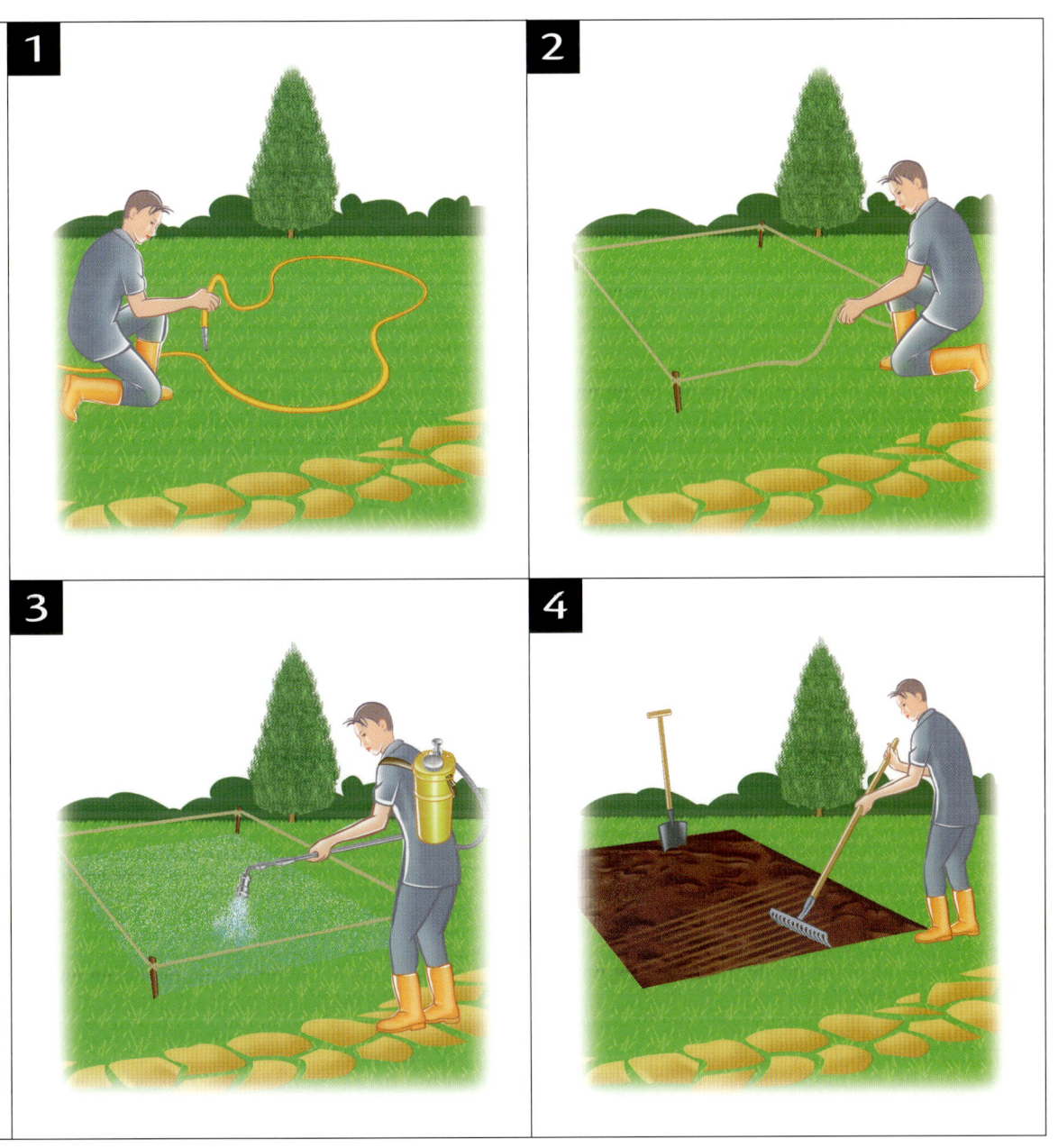

Ein Blumenbeet auf einer Freifläche anlegen 7

Grundlagen

ZUBEHÖR
eine Pflanzschaufel, eine Gießkanne oder ein Flächenregner, ein Eimer Wasser

GUT ZU WISSEN
Besonders frost- und/oder wasserempfindliche mehrjährige Pflanzen wie Fackellilien, Montbretien und Gräser werden am besten im Frühjahr gesetzt. Sie wachsen recht schnell und sind dann kräftig genug, um über den ersten Winter zu kommen. Kauft man blühende Pflanzen, kann man sie nach den gewünschten Farben auswählen, was besonders bei unterschiedlich gefärbten Exemplaren der gleichen Sorte eine interessante Zusammenstellung von Kontrasten ermöglicht. Werden sie hingegen außerhalb der Blütezeit gepflanzt, muss man sich überraschen lassen.

SOS
Die Pflanzen in meinem Blumenbeet wachsen nicht!
Bei Pflanzen, die im Sommer blühen, handelt es sich möglicherweise um Zwergformen oder vom Züchter durch chemische Mittel klein gehaltene Sorten. Dies wird heute häufig gemacht, weil es den Transport verbilligt und die Vermarktung erleichtert. Der Käufer ist hinterher allerdings oftmals enttäuscht. Wollen Sie dies vermeiden, müssen Sie sich vor dem Kauf genau nach der zu erwartenden Größe erkundigen.

2 Einpflanzen der

Beim Pflanzen von Stauden und Einjährigen, die die Grundlage eines Blumenbeetes bilden, muss man nur wenige einfache Grundregeln beachten. Sind sie erst einmal gut angewachsen, steht ihrer Blüte kaum noch etwas im Wege.

Wann wird gepflanzt?

Einjährige (Pflanzen, die nur einen Sommer lang blühen) werden nach dem letzten Frost, also ab etwa Mitte Mai, gesetzt.
Zweijährige (Pflanzen, die sich während des ersten Jahres entwickeln und im zweiten blühen) werden im Herbst oder nach dem Winter gesetzt, außer wenn der Boden sehr feucht ist.
Stauden (ausdauernde Pflanzen, die mehrere Jahre blühen):
– im Herbst, wenn sie im Frühjahr und Sommer blühen;
– ab dem Frühjahr, wenn sie im Herbst blühen.

Schritt für Schritt

1. Stellen Sie die Töpfe etwa eine Viertelstunde in ein Gefäß mit Wasser.

2. Verteilen Sie die Töpfe auf dem Beet; beachten Sie die auf den Etiketten angegebenen Pflanzabstände.

3. Legen Sie eine Handvoll frische Blumenerde neben jedem Pflanzloch bereit, um sie später gründlich mit dem Bodenaushub zu vermischen.
Nehmen Sie die Pflanze durch Klopfen auf den Boden aus ihrem Topf, und lockern Sie die Erde an den Seiten mithilfe einer alten Gabel auf.
Setzen Sie die Pflanze nun in ein Pflanzloch, das etwa doppelt so groß ist wie der Wurzelballen.

4. Füllen Sie das Pflanzloch auf, und häufen Sie am Fuß jeder Pflanze etwas Erde an. Lockern Sie abschließend die Erdoberfläche zwischen den Pflanzen mit einer Gartenkralle auf.
Ist das Beet nicht allzu groß, kann mit einer Gießkanne reichlich gewässert werden, andernfalls nimmt man einen Flächenregner.

Blumen

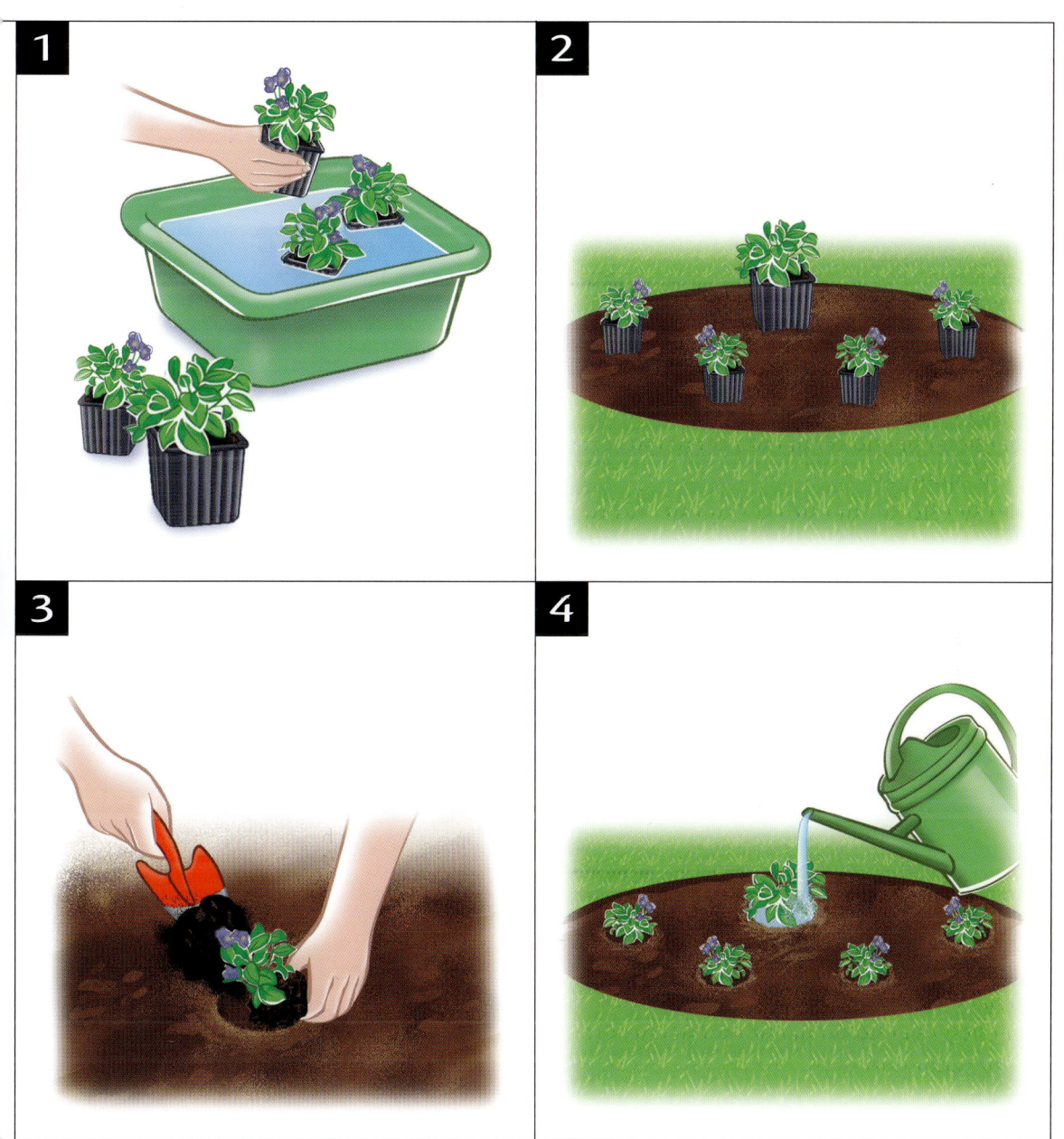

Einpflanzen der Blumen 9

3 Zwiebeln setzen

Zwiebelpflanzen zum Blühen zu bringen ist ein wahres Kinderspiel, denn sie sind als Speicherorgane bestens darauf vorbereitet, schwierige Bedingungen zu meistern.

Wann pflanzen?

Im Sommer blühende Zwiebelpflanzen (z. B. Dahlien, Gladiolen oder Montbretien) werden Ende April, Anfang Mai gesetzt. Sie haben dann genügend Zeit, vor dem oberirdischen Austrieb noch Wurzeln zu bilden; außerdem besteht dann kaum noch ein Risiko für verspätete Frosteinbrüche.

Im Frühjahr blühende Zwiebelpflanzen (z. B. Krokusse, Narzissen oder Tulpen) werden schon im Herbst gesetzt, am besten Ende September bis Anfang Dezember.

Schritt für Schritt

1. Nehmen Sie zum Ausstechen der Pflanzlöcher einen Zwiebelpflanzer, den Sie durch Hin- und Herdrehen in den Boden drücken, um anschließend den „Bohrkern" aus Erde herauszuziehen.

2. Legen Sie eine große oder auch mehrere kleine Zwiebeln so auf den Grund des Loches, dass die Spitze nach oben und das stumpfe Ende nach unten zeigen. Die richtige Pflanztiefe entspricht ungefähr der doppelten Höhe der jeweiligen Zwiebel.

3. Schließen Sie das Pflanzloch wieder, indem Sie den „Bohrkern" aus dem Setzeisen herausdrücken.

4. Denken Sie daran, die Stellen, an denen Zwiebeln gesetzt worden sind, mit kleinen Steckschildern zu markieren. Schließlich sind die Triebe anfangs noch sehr klein und könnten beschädigt werden, wenn man versehentlich auf sie tritt.

ZUBEHÖR

ein Zwiebelpflanzer und mehrere Schildchen

GUT ZU WISSEN

In einem noch nicht bepflanzten Beet oder einer Rasenfläche können Zwiebeln willkürlich verteilt werden. Werfen Sie dazu einfach eine Handvoll davon rückwärts über Ihre Schulter, sodass sie sich zufällig verteilen. Nehmen Sie dann den Zwiebelpflanzer und setzen Sie sie dort ein, wo sie hingefallen sind. Bei größeren Flächen erspart Ihnen ein Zwiebelpflanzer mit Stiel und Tritt einen schmerzenden Rücken.

S O S

Schnelles Wachstum

Wenn Sie Zwiebeln von Narzissen, Tulpen oder Hyazinthen zwischen dem 15. Dezember und Ende Januar setzen, können Sie mit einer großen Blütenfülle rechnen, auch wenn diese vielleicht etwas verspätet einsetzt. Die Zwiebeln einiger im Sommer blühender Pflanzen, etwa von Sommerhyazinthen (*Galtonia candicans*), Schopflilien (*Eucomis*), Sterngladiolen oder Dahlien, treiben oft explosionsartig aus und stehen dann schon nach kurzer Zeit in voller Blüte. Wenn Sie gut gepflegt und vor allem gut gegossen werden, können solche Zwiebeln noch bis Ende Juni gesetzt werden.

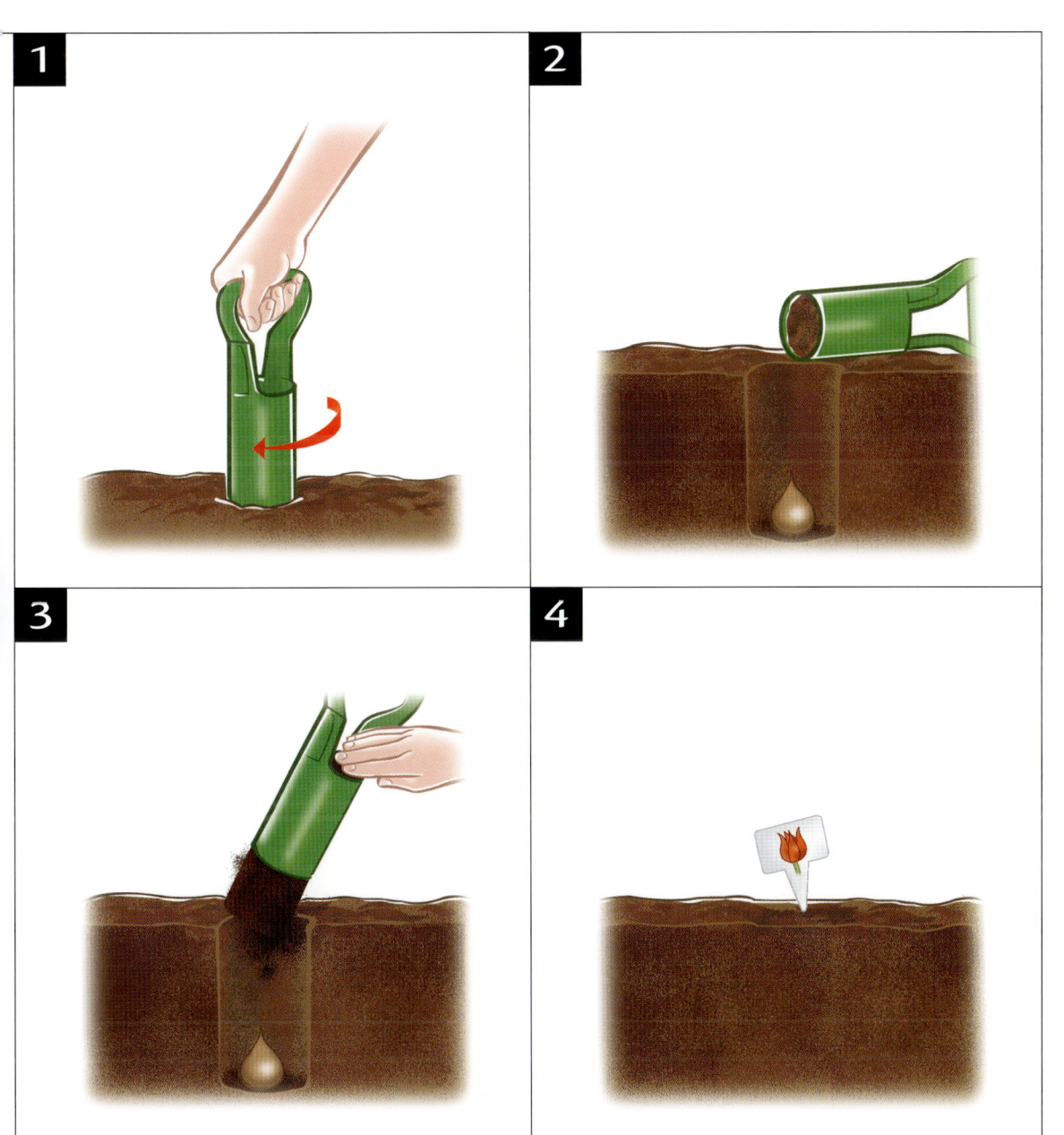

Zwiebeln setzen

4 Sträucher pflan

Sträucher sind durch ihre Langlebigkeit und ihre Größe bestens zum Füllen des leeren Raumes unter hohen und ausladenden Bäumen geeignet. Sorgfältig angepflanzt und gepflegt, werden Sie viele Jahre Freude daran haben.

Wann pflanzen?

Winterharte Sträucher können im Prinzip das ganze Jahr über gesetzt werden, also auch im Winter, sofern der Boden nicht gefroren ist. Im Sommer müssen sie regelmäßig gegossen werden, damit sie gut anwachsen.

Frostempfindliche, aber dennoch relativ robuste Strauchgewächse wie Mimosen oder Säckelblumen sollten nur im Frühjahr gesetzt werden, damit Sie bis zum nächsten Winter ausreichend Zeit haben, sich an das jeweilige Klima anzupassen.

Schritt für Schritt

1. Stellen Sie die Pflanze mit ihrem Verkaufsbehälter in einen Eimer Wasser und heben Sie dann das Pflanzloch aus.

2. Machen Sie das Loch etwas größer als den Wurzelballen, aber nicht mehr als doppelt so groß. Lockern Sie den Boden des Loches gründlich auf, damit die Wurzeln leichter eindringen können. Mischen Sie den Aushub mit Kompost und Dünger, und verteilen Sie eine Lage davon auf dem Grund des Pflanzloches. Lockern Sie die Außenseiten des Wurzelballens etwas auf, damit sich die Wurzeln besser ausbreiten können.

3. Stellen Sie die Pflanze so in das Loch, dass sich die Oberkante des Wurzelballens knapp unter der Oberfläche befindet. Eine quer über das Loch gelegte Leiste hilft bei der Einschätzung des Niveaus.

4. Füllen Sie das Loch mit dem Aushub auf, treten Sie die Erde zwischendurch immer wieder etwas an, und wässern Sie reichlich.

ZUBEHÖR
eine Grabgabel, eine Gießkanne oder ein Gartenschlauch, ein Eimer Wasser und eine Gartenhacke

GUT ZU WISSEN
Gießen nicht vergessen! Legen Sie um den äußeren Umriss der neu gesetzten Pflanze einen Ring aus Erde an, und gießen Sie dann reichlich (mit aufgesetzter Brausetülle) – auch bei regnerischem Wetter! Wässern Sie im Sommer jeden zweiten Tag, im Winter alle zwei Wochen.

SOS
Es ist so heiß …
Ergänzen Sie im Hochsommer die wöchentlichen Wassergaben durch zusätzliches Gießen oder Sprühen am Morgen bzw. Abend, weil dann weniger Wasser verdunstet. Eine andere Möglichkeit, den Wasserverlust und damit das Austrocknen des Bodens so gering wie möglich zu halten, ist das Aufbringen einer Mulchschicht um die Pflanzen.

8 Grundlagen

...zen

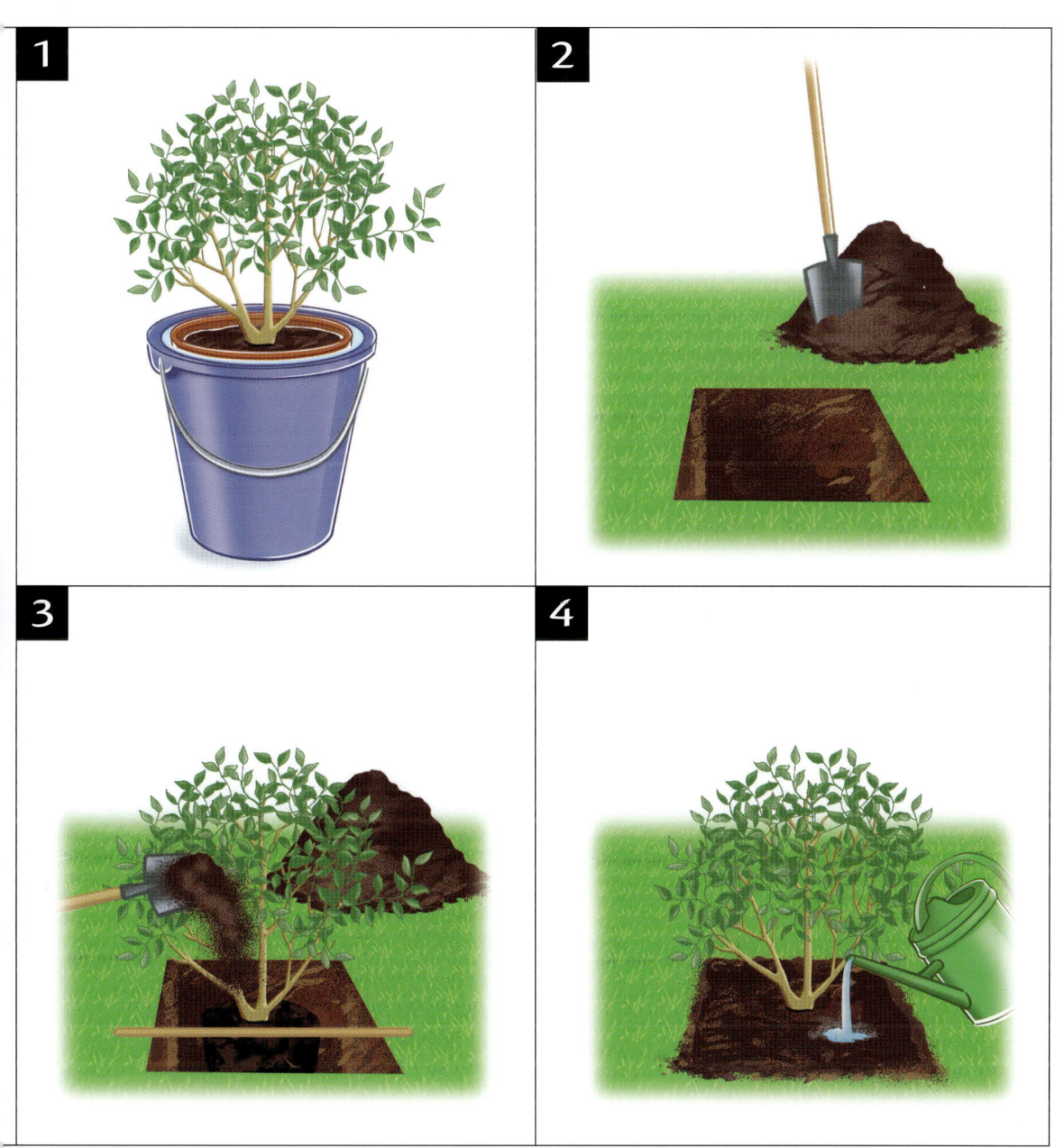

Sträucher pflanzen 13

Grundlagen

ZUBEHÖR

ein Spaten, eine Gartenkralle, eine Gießkanne oder ein Gartenschlauch mit Flächenregner, Steckschilder

GUT ZU WISSEN

In Reihen ausgesäte Pflanzen lassen sich schon anhand ihrer typischen Ausrichtung leicht von Unkräutern unterscheiden, selbst wenn sie noch klein sind. Das sollte Sie jedoch nicht davon abhalten, Samen unregelmäßig auszustreuen, wenn Sie einen natürlicheren Effekt erzielen wollen. Bei Samenmischungen mit sehr unterschiedlichen Samen sollten Sie diese vor dem Aussäen nach der Größe trennen. Auf diese Weise erhalten Sie eine weitaus gleichmäßigere Verteilung.

SOS

Die Vögel fressen meine Samen!
Wenn Sie die Samen einfach nur auf der Erdoberfläche ausstreuen, wird das hungrige Vögel anlocken. Dem müssen Sie vorbeugen. Schlagen Sie einfach mehrere Pflöcke in den Boden, die Sie mit dem Bandmaterial alter Audio- oder Videokassetten ganz locker verbinden, oder hängen Sie ein paar nicht mehr benötigte CDs auf. Diese bewegen sich im Wind und halten die meisten Vögel dadurch fern.

5 Pflanzen aus Samen

Mit ein paar Samentütchen, die normalerweise recht preiswert sind, können Sie sich in kürzester Zeit eine farbenprächtige, natürliche Gartendekoration schaffen oder ein Beet mit Schnittblumen für die Vase anlegen.

Wann säen?

Die winterharten Samen von Einjährigen (z. B. Ringelblume, Strauchmalve oder Kornblume) kommen Mitte April in die Erde, wenn sich diese schon etwas erwärmt hat. Da zu diesem Zeitpunkt auch die Unkräuter wieder zu wachsen beginnen, sollten sie vor dem Aussäen ausgerissen werden. Sie können aber auch schon einen Monat vorher ein Unkrautvernichtungsmittel einsetzen, um sie nachhaltig auszurotten.

Schritt für Schritt

1. Graben Sie das Blumenbeet um, ebnen Sie die Oberfläche anschließend mit der Harke oder einer Gartenkralle ein, und mischen Sie gleichzeitig etwas frische Komposterde unter.
Wenn Sie verschiedene Pflanzen aussäen wollen, die sich nicht vermischen sollen, können Sie das Beet durch Linien aus Sand in einzelne Sektoren unterteilen.

2. Ziehen Sie anschließend mit dem Stielende der Harke flache, parallele Rinnen in Abständen von etwa 15 cm in den Boden der einzelnen Sektoren.

3. Streuen Sie die Samen in Abständen von jeweils 2 – 3 cm in den Rinnen aus. Harken Sie die Vertiefungen anschließend zu, drücken Sie die Erde mit dem Rücken der Harke leicht an und wässern Sie das Beet (Gießkanne mit Brauseaufsatz oder Flächenregner).

4. Gießen Sie regelmäßig bis zum Erscheinen der ersten Blättchen. Dünnen Sie die Setzlinge aus, indem Sie überzählige Pflänzchen entfernen, sodass nur noch ungefähr alle 15 cm ein kräftiger Sämling stehen bleibt.

en ziehen

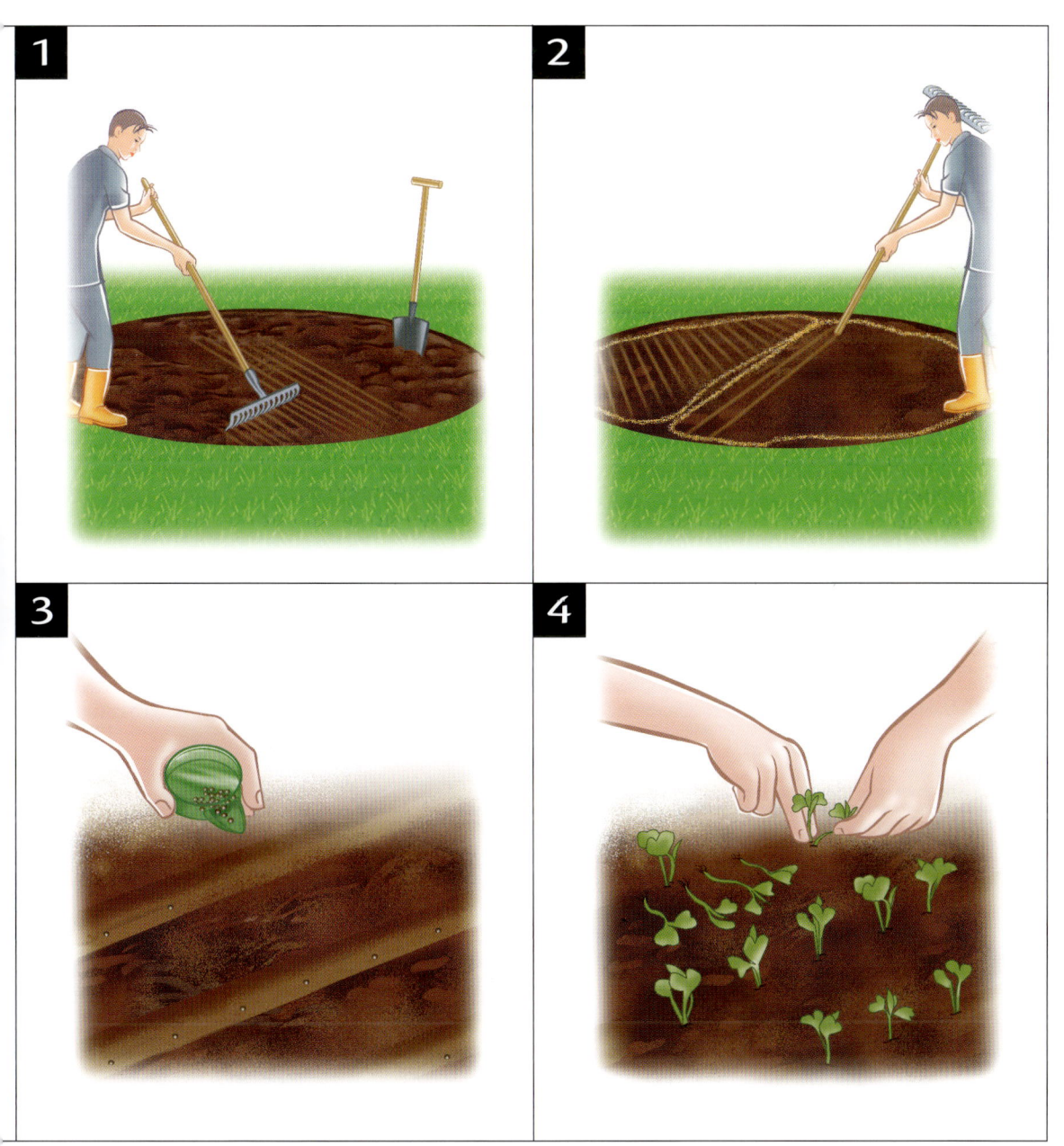

Pflanzen aus Samen ziehen 15

6 Jungpflanzen wäs...

Wässern ist der Schlüssel zum Erfolg für jedes neue Beet, auch wenn sich Sträucher und Stauden im Laufe der Zeit schließlich mehr oder weniger selbst versorgen können.

Wann wird gegossen?

Grundsätzlich muss direkt nach dem Setzen neuer Pflanzen gewässert werden, egal ob es sich dabei um Blumen, Zwiebelpflanzen oder Sträucher handelt.
Gießen Sie aber auch sofort nach dem Aussäen von Samen, damit diese gleich Kontakt mit der Erde bekommen.
Im Sommer wird alle zwei Tage gewässert.
Im Winter reicht es, wenn Sie alle zwei bis drei Wochen gießen, sofern der Boden nicht gefroren ist.
Setzen Sie beim Gießen jedoch keinesfalls den Garten unter Wasser, und lassen Sie die Erde zwischen zwei Wassergaben stets etwas abtrocknen.
Bei anhaltend trockener und sehr warmer Witterung müssen Sie stets für eine ausreichende Bodenfeuchtigkeit sorgen. Wässern Sie vor allem gegen Abend, damit das Wasser auch wirklich einsickern kann und nicht zu schnell in der Sonne verdunstet.

Schritt für Schritt

1. Legen Sie um neu gesetzte Pflanzen oder Sträucher mit der Hacke eine leichte Vertiefung mit einem Ring aus Erde an, sodass das Gießwasser zur Pflanze fließt und nicht von ihr wegläuft.

2. Gießen Sie reichlich mit der Kanne, wenn nötig mehrfach und auch bei regnerischem Wetter. Dies ist notwendig, damit ein enger Kontakt zwischen Wurzeln und Erdreich entsteht und mögliche Lufteinschlüsse beseitigt werden, die das Anwachsen erschweren könnten.
Denken Sie bei trockenem Winterwetter daran, dass besonders junge winterharte Sträucher ebenfalls Wasser brauchen und zumeist recht schnell vertrocknen, wenn sie dieses nicht bekommen.

3. Ein Saatbeet lässt sich am besten mit einem Flächenregner bewässern, da dieser das Wasser über einen längeren Zeitraum recht gleichmäßig verteilt. Die Reichweite können Sie über den Wasserdruck einstellen, außerdem müssen Sie das Gerät nach einer Weile umsetzen.

ZUBEHÖR

eine Gartenhacke, eine Gießkanne oder ein Flächenregner

GUT ZU WISSEN

In besonders windigen Gegenden, z. B. an der Küste, kann das winterliche Austrocknen des Bodens an den Standorten junger Sträucher durch Anbringen eines Windschutzes verringert werden. Spannen Sie dazu in der Hauptwindrichtung einfach ein Stück Stoff (z. B. einen alten Kartoffelsack) zwischen zwei in den Boden gerammte Pfähle, um die Luftströmung dadurch umzuleiten. Auch wenn Sie ein automatisches Bewässerungssystem einsetzen, müssen Sie neue Beete während der ersten Wochen dennoch regelmäßig mit der Gießkanne wässern.

SOS

Meine Erde ist zu feucht!
In solchen Fällen wird Ihnen nichts anderes übrig bleiben, als die Beete mit einer Drainage zu versehen. Tragen Sie dazu das Erdreich etwa einen Spaten tief ab, füllen Sie die Grube zur Hälfte mit Kies oder Schotter auf, und verteilen Sie darauf den Aushub (das Beet ist nun etwas höher als vorher).

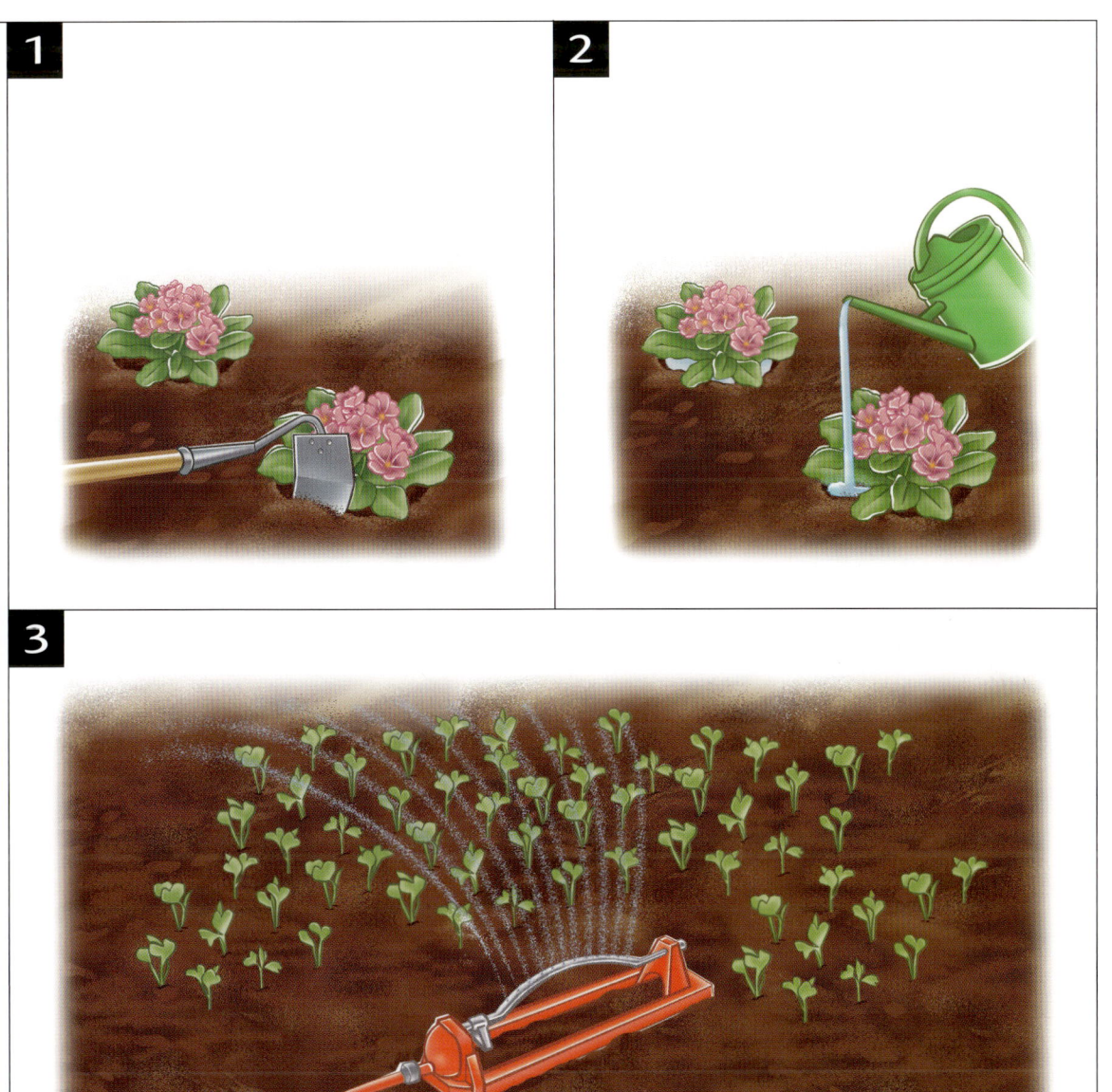

Jungpflanzen wässern

Grundlagen

7 Neu gepflanzte

Ein gutes Anwachsen und die Gesundheit der Pflanzen sind allerdings nicht allein durch Wässern zu erreichen, sondern zur Pflege von Beeten gehören auch das Jäten von Unkraut, das Belüften des Bodens und das Mulchen.

Wann und wie lange?

Neu gepflanzte Beete muss man vor allem während der ersten sechs Monate gut im Auge behalten. Die notwendigen Pflegemaßnahmen hängen dabei von vielen individuellen Faktoren und äußeren Gegebenheiten ab.

Schritt für Schritt

1. Wenn die neu gesetzten Pflanzen angewachsen sind, sollten Sie Unkräuter, die dazwischen auskeimen, gezielt von Hand entfernen. Lockern Sie dazu den Boden um die unerwünschten Keimlinge etwas auf, damit Sie diese dann mitsamt der Wurzeln herausziehen können.

2. 2 – 3 Monate nach dem Pflanzen sollten Sie eine Handvoll organischen Dünger auf dem Boden um die neuen Pflanzen verteilen. Diese Maßnahme muss fortan jedes Jahr nach Ende des Winters wiederholt werden.

3. Etwa alle zwei Wochen, von Mai bis September, sollte die Erdoberfläche zwischen den Pflanzen mit einer Harke aufgelockert werden. Dadurch wird den Unkräutern das Anwachsen erschwert, aber auch der Boden belüftet und das Einsickern von Wasser erleichtert.

4. Wenn das Beet fertig bepflanzt ist und die Erde regelmäßig aufgelockert wurde, verteilen Sie eine Mulchschicht zwischen den Pflanzen, aber lassen Sie dabei die Gießringe frei.

ZUBEHÖR

eine Gartenkralle und eine Hacke

GUT ZU WISSEN

Mulch spielt eine wichtige Rolle, wenn es darum geht, die Bodenfeuchte zu regulieren und das Wachstum von Unkräutern einzuschränken. Zum Mulchen kann man gehäckselte Rinde oder Holzspäne nehmen, aber auch zerkleinertes Stroh, Nadelstreu oder Rasenschnitt. Verteilen Sie das Material in einer 5 – 7 cm dicken Schicht. Nach drei Jahren können Sie es dann einfach unterharken und dadurch die Erde auflockern, bevor Sie eine neue Schicht verteilen.

SOS

Der Wind reißt meine Pflanzen aus!
Wind, Eis und Schnee können Pflanzen durchaus entwurzeln. Es ist daher wichtig, vom Herbst bis zum Ende des Winters immer wieder einmal zu prüfen, ob die Pflanzen noch gut verankert sind. Drücken Sie dazu mit dem Stiel einer Harke auf den Boden um die Pflanze, um zu sehen, ob er noch fest ist. Notfalls müssen Sie die gefährdete Pflanze abstützen oder mit einem Seil sichern.

Beete pflegen

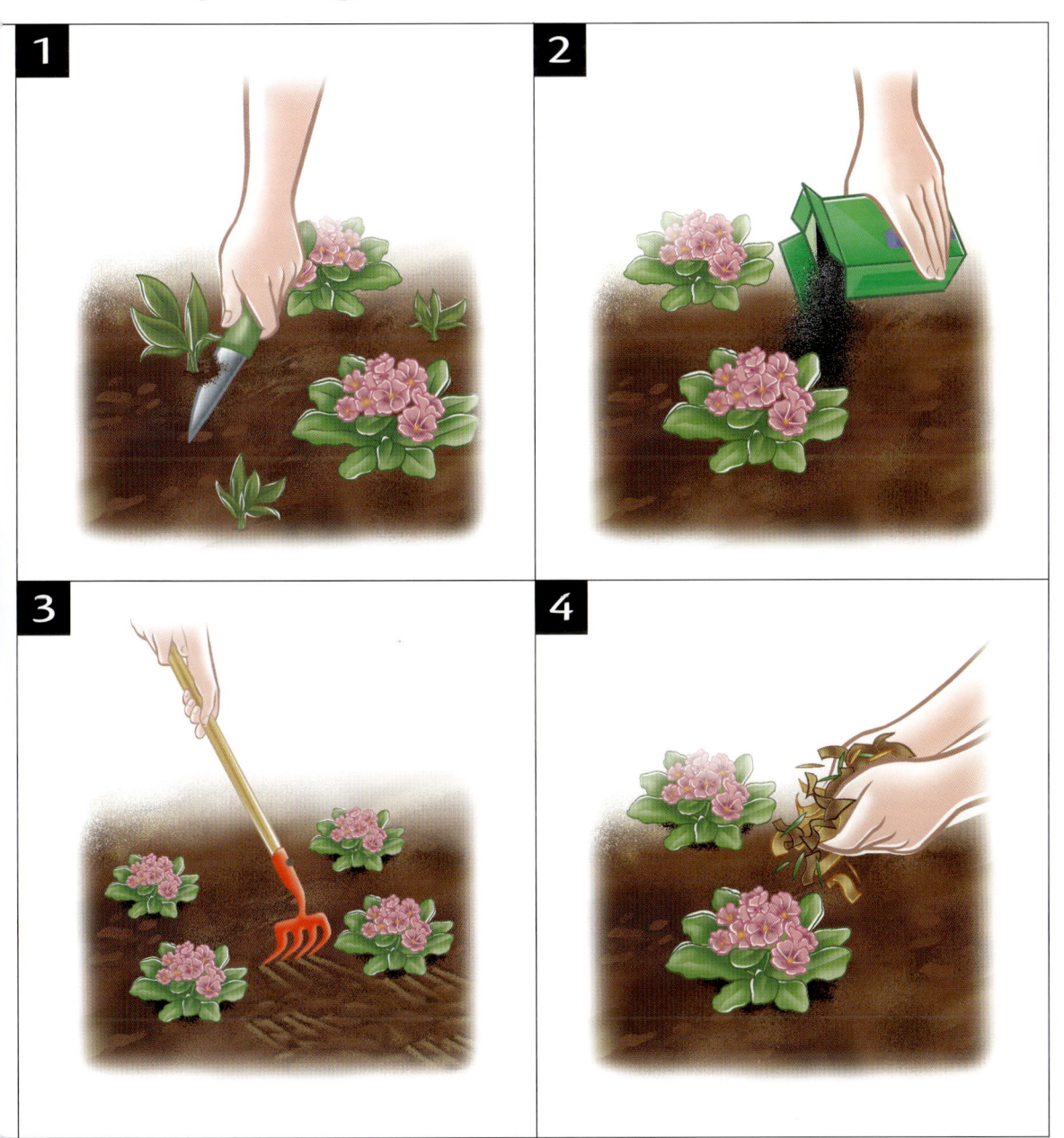

Neu gepflanzte Beete pflegen 19

8 Grundlagen

8 Krankheiten und

Kleingärten ohne Krankheiten und Schädlinge sind selten, aber glücklicherweise findet man in den Gärtnereien heute eine große Auswahl an gebrauchsfertigen Sprühmitteln, die überaus gut zu handhaben sind und zumeist ausreichen, die Pflanzenpracht zu erhalten oder wiederherzustellen.

ZUBEHÖR
eine Druckluft-Sprühflasche

GUT ZU WISSEN
Die im Fachhandel angebotenen Mittel gegen Pflanzenschädlinge müssen als „für den Garten geeignet" ausgewiesen sein. Ihre Handhabung ist zwar einfach, aber leider ist der Umgang nicht ganz ungefährlich. Für einen kleinen Garten sollten Sie zwei Druckluft-Sprühflaschen zur Verfügung haben: eine für Insektizide und die andere für Fungizide. Außerdem empfiehlt es sich, stets einen kleinen Vorrat der gängigsten Mittel zur Hand zu haben.

SOS
Was ist was?
Dem unerfahrenen Kleingärtner fällt es manchmal nicht leicht zu erkennen, um welche Schädlinge es sich handelt. In einem solchen Fall schneidet man am besten ein Stück der betroffenen Pflanze ab und zeigt es einem Fachmann aus der Gärtnerei oder einem Pflanzenzuchtbetrieb. Der kann Ihnen dann auch sagen, mit welchem Produkt Sie das Problem am besten beseitigen. Als „Allzweck-" oder „Universalmittel" ausgewiesene Produkte sind nicht immer die besten.

Wann behandeln?

Während der Wachstumsphase von Mai bis September sollten Sie ein waches Auge auf alle Veränderungen haben; danach treten kaum noch Probleme auf.
Sehen Sie von einer „Vorsorgebehandlung" ab, denn diese schwächt die Pflanzen nur unnötig.
Versuchen Sie herauszufinden, ob es sich auf den Blättern um Rost (ockerfarbene Flecken), Rußtau (schwarze Stellen) oder Echten Mehltau (pelzig weißer Belag) handelt. Blattläuse sind kleine, schwarze oder grüne Insekten, und Schildläuse bilden helle, hartschalige Erhebungen auf den Pflanzen, speziell in den Blattachseln.
Führen Sie die Behandlung vorzugsweise abends oder am Morgen durch, wenn kein Wind geht und für die nächsten 24 Stunden kein Regen zu erwarten ist.

Schritt für Schritt

1. Vergewissern Sie sich, dass der Sprühbehälter sauber ist, oder waschen Sie ihn mit Seifenwasser aus, und spülen Sie anschließend mehrmals mit klarem Wasser nach. Verdünnen Sie das Sprühmittel vorschriftsgemäß.

2. Versprühen Sie das Mittel möglichst gleichmäßig und flächendeckend auf allen befallenen Pflanzen. Vernachlässigen Sie dabei die Blattunterseiten nicht.

3. Spülen Sie den Sprühbehälter anschließend mehrmals gut aus, und verstauen Sie das Sprühmittel trocken, frostsicher und außerhalb der Reichweite von Kindern und Haustieren.

4. Die nebenstehende Abbildung gibt Ihnen Hinweise darauf, ob es sich auf den Schädlingen um Rost, Rußtau oder Echten Mehltau bzw. um Blatt- oder Schildläuse handeln könnte.

Schädlinge bekämpfen

Krankheiten und Schädlinge bekämpfen 21

Jahreskalender
Notwendige Arbeiten im Verlauf des Jahres
für Pflegemassnahmen

KALENDER

Der Blumengarten im Frühjahr

März

Pflanzen	Alle immergrünen und winterharten Pflanzen
Aussäen	Widerstandsfähige Einjährige (z. B. Strauchmalve, Kornblume, Klatschmohn)
Pflege	Entfernen Sie die verwelkten Blüten von Hortensien, die bisher die neuen Knospen vor Frost geschützt haben.
Wässern	Alle neu bepflanzten Beete
Schnitt	Beenden Sie den Winterschnitt
Aufpassen	
Düngen	Bäume, Sträucher, Rosen und Stauden
Sonstiges	Erneuern Sie den Mulch in älteren Beeten. Entfernen Sie den Winterschutz. Verteilen Sie Schneckenkorn.

Zu beachten

→ Warten Sie bis nach dem letzten Frost, also bis etwa Mitte Mai, bevor Sie Ihre Beete für den Sommer anlegen.

→ Setzen Sie nur dann neue Pflanzen, wenn Sie sicher sind, dass Sie sie bis zum Anwachsen regelmäßig mit Wasser versorgen können.

→ Überprüfen Sie regelmäßig den Gesundheitszustand Ihrer Pflanzen. Rechtzeitig bemerkt, wird man mit den meisten Krankheiten und auch mit Schädlingsbefall noch vergleichsweise leicht fertig.

In Blüte

- Hyazinthe
- Iris
- Krokus
- Narzisse
- Orientalische Nieswurz
- Primel
- Tränendes Herz
- Tulpe
- Vergissmeinnicht

April	Mai
Pflanzen Sie die letzten Zweijährigen und Stauden, die ersten widerstandsfähigen Zwiebeln von Sommerblumen sowie Rhododendren, Azaleen, Koniferen, Bambus und Ziergräser	Frostempfindliche Pflanzen, alle Sommerzwiebelgewächse, einjährige Sommerblumen sowie Rosen, Bambus und Ziergräser
Einjährige (Strauchmalve, Kornblume, Klatschmohn etc.) und winterharte Pflanzen	Winterharte, frostempfindliche und einjährige Pflanzen (Zinnien, Margeriten, Kapkörbchen etc.)
	Entfernen Sie welke Blüten von Zwiebelgewächsen.
Alle neu bepflanzten Beete	Alle neu bepflanzten Beete
Sträucher	Schneiden Sie die frühblühenden Stauden ab. Schneiden Sie schwächliche Rosen zurück.
	Behandlung der Rosen, wenn notwenig. Sprühen Sie die Lilien bei Lilienhähnchenbefall.
	Verteilen Sie Dünger um Stauden und Rosen.
Entfernen Sie Unkräuter aus den Beeten. Erneuern Sie den Mulch in älteren Beeten.	Stützen Sie die Stauden wenn notwendig ab, und binden Sie die Kletterpflanzen am Spalier an. Jäten Sie Unkraut. Teilen Sie die Tochterzwiebeln oder -knöllchen von Frühblühern (Schneeglöckchen, Winterlinge etc.).

Der Blumengarten im Frühjahr

Der Blumengarten im Frühjahr

März — Im Handumdrehen

ZUBEHÖR: eine Gartenkralle, eine Pflanzschaufel und eine Gießkanne

3 bis 4 Euro pro Zwiebel — 15' für 6 Zwiebeln

Lilien für den Sommer pflanzen

Die attraktiven großen Blüten der Lilien und die Düfte der zahlreichen Arten und Sorten sind eine Bereicherung für jeden Garten. Schon ein paar Zwiebeln sorgen für einen Hauch des Geheimnisvollen, wenn ab Juni die ungewöhnlich aussehenden Blüten erscheinen.

Welche Pflanzen?
Viele neuere Sorten sind anfällig für Viren, die ab dem zweiten Jahr oft erhebliche Ausfälle verursachen, sodass man sich besser an altbewährte Arten und Sorten hält. Zu den pflegeleichtesten Lilien gehört *Lilium henryi*, die bis zu 2 m hoch werden kann und schöne orangefarbene Blüten hervorbringt. 'Black Beauty' ist eine prächtige Orient-Hybride mit hell gesäumten, rosa bis lila Blüten, die virusresistent sein soll. Bei 'Enchantment' handelt es sich um eine einfach zu ziehende Sorte mit auffälligen orangefarbenen Blüten, während *Lilium regale* weiße, trichterförmige, sehr stark duftende Blüten besitzt.

Wie wird's gemacht?
1. Legen Sie in frischer Erde einen Graben von 30 cm Tiefe an, und zwar dort, wo andere Pflanzen oder kleine Sträucher Schatten spenden. Lockern Sie den Grund auf und bringen Sie Kies als Drainage ein.

2. Mischen Sie Pflanzerde mit dem Aushub, und setzen Sie die Zwiebeln in einer Tiefe, die der dreifachen Höhe der Zwiebeln entspricht. Auf diese Weise treiben die Pflanzen auch am unterirdischen Teil des Stieles Wurzeln, was ihnen zusätzliche Kraft und Standfestigkeit verleiht.

Und dann?
Gießen Sie regelmäßig, und achten Sie auf Lilienhähnchen, also kleine rote Käfer, die die Blätter Ihrer Pflanzen fressen, ebenso wie ihre Larven. Schneiden Sie welke Blüten ab, aber lassen Sie so viele Blätter wie möglich stehen, damit diese die Zwiebel versorgen können. So halten sich die Pflanzen mehrere Jahre.

Gut zu wissen
Lilien mögen Sonne auf dem Kopf und Schatten auf dem Fuß!

Grundlagen
Zwiebeln setzen S. 10
Porträts
Lilie S. 90
Glossar
Zwiebel S. 113
Insekten S. 105

März *Beispiele* ZUBEHÖR: eine Gartenkralle, eine Harke, eine Pflanzschaufel und eine Gießkanne

€ 1h30

5 Euro für 10 Zwiebeln
3 bis 4 Euro pro Pflanze

Zwiebelpflanzen und zweijährige Frühlingsblumen kombinieren

Das Frühjahr ist die richtige Zeit zum Anlegen farbenfroher Beete aus Zwiebelgewächsen und zweijährigen Pflanzen. Allerdings ist die Auswahl nicht sehr groß. Dieses Beispiel zeigt aber, dass trotzdem aufregende Kompositionen möglich sind.

Grundlagen
Einpflanzen der Blumen S. 8
Zwiebeln setzen S. 10
Porträts
Primel S. 96
Tulpe S. 99
Glossar
Zweijährige S. 113
Zwiebel S. 113

Wie wird's gemacht?

1. Setzen Sie die Tulpenzwiebeln schon im September in eher willkürlicher Anordnung, und markieren Sie die einzelnen Standorte. Haben Sie das versäumt, können Sie auch noch später auf bereits vorgezogene Exemplare aus Gärtnereien zurückgreifen.
2. Graben Sie den Boden zwischen den Tulpen um, und harken Sie die Erde glatt.
3. Stellen Sie die Töpfchen für 15 Minuten in Wasser, und setzen Sie die Pflanzen dann in kleinen Gruppen an freie Stellen. Angießen nicht vergessen.

Und dann?

Schneiden Sie welke Tulpenblüten ab, und lassen Sie die Zwiebeln die Blätter einziehen, bevor Sie sie ausgraben und trocken lagern. Das Greiskraut kann umgepflanzt werden oder für das nächste Arrangement an Ort und Stelle bleiben. Pflanzen Sie die Primeln in eine Rabatte um, und entsorgen Sie abgeblühte Gänseblümchen und Leimkräuter.

Welche Pflanzen?

① Tulpen (*Tulipa* 'Couleur Cardinal'; 20 Zwiebeln). Hier haben wir es mit einer frühblühenden, niedrigen Sorte der klassischen Tulpe zu tun, die herrlich große, dunkelrote, seidige Blüten hervorbringt.
② Nickendes Leimkraut (*Silene pendula*; 5 Töpfchen). Diese oft unterschätzte, aber überaus blühfreudige Zweijährige bildet schöne Blütenteppiche in Rosa, Weiß oder Rot. Ihre einzige Schwäche ist, dass sie relativ spät zu blühen beginnt.
③ Primeln (*Primula*; 3 Töpfchen). Obwohl sie etwas teurer sind, lohnt die Ausgabe für diese Stauden, die man auch gut über den Winter bringen kann.
④ Gänseblümchen (*Bellis perennis*; 10 Töpfchen). Eine alte Gartenpflanze, die mit ihren gefüllten rosa Korbblüten nach wie vor ihren Reiz hat.
⑤ Silber-Greiskraut (*Senecio cineraria*; 8 Töpfchen). Diese Pflanze wird vor allem wegen ihrer schönen, fein zerteilten, silbergrauen Blätter geschätzt, und mit ihr kommt Raffinesse sowie Struktur in das Beet.

Der Blumengarten im Frühjahr 27

KALENDER

April — Beispiele

ZUBEHÖR: eine Grabgabel, eine Harke, eine Pflanzschaufel, ein Zwiebelpflanzer und eine Gießkanne

5 Euro für 10 Zwiebeln

Ein Blütenmeer aus Zwiebeln

Wenn man sie im September setzt, entwickeln sich Zwiebelpflanzen im nächsten Frühjahr mit unglaublicher Geschwindigkeit. Sie verdienen daher einen Platz in der ersten Reihe, wo ihre Farbenpracht so richtig zur Geltung kommt.

Wie wird's gemacht?
1. Bereiten Sie den Boden durch Umgraben und Untermischen von Komposterde und Grunddünger vor.
2. Ebnen Sie die Oberfläche ein.
3. Verteilen Sie die Zwiebeln in Gruppen so, dass ein harmonisches Farbmuster entsteht. Beachten Sie dabei die Mindestabstände zwischen den Zwiebeln derselben Pflanze: 10 cm bei den Anemonen, 8–10 cm bei den Tulpen und Narzissen sowie 20 cm bei den Kaiserkronen.
4. Setzen Sie die Zwiebeln jeweils in eine Tiefe, die dem Doppelten ihrer Höhe entspricht. Harken Sie die Oberfläche nach dem Andrücken glatt.

Und dann?
Lassen Sie die Zwiebeln nach dem Abblühen die Blätter einziehen, entfernen Sie aber die verwelkten Blüten, ausgenommen die Anemonen, die sich selbst Aussäen können. Wässern ist nicht nötig.

Welche Pflanzen?
① Anemonen (*Anemone blanda* 'White Splendour'; 10 Zwiebeln). Diese anmutigen Pflanzen wachsen schnell und blühen reichlich.
② Tulpen (*Tulipa* 'Plaisir'; 25 Zwiebeln). Diese Sorte bringt große cremefarbene, zinnoberrot geflammte Blüten hervor.
③ Tulpen (*Tulipa* 'Chaperon Rouge'; 15 Zwiebeln). Dieser Klassiker besitzt große scharlachrote Blüten und schön gemaserte Blätter.
④ Narzissen (*Narcissus* 'Fortissimo'; 15 Zwiebeln). Der Reiz dieser Pflanzen liegt in den leuchtend gelben Kronblättern und dem großen orangefarbenen Becher.
⑤ Kaiserkronen (*Fritillaria imperialis*; 5 Zwiebeln). Die hochwüchsigen Pflanzen, die glockenförmige Blüten mit einem Blattschopf darüber haben, verleihen einem Beet Struktur. Wählen Sie große Zwiebeln aus.

Der Blumengarten im Frühjahr

Grundlagen
Zwiebeln setzen S. 10
Beete pflegen S. 18

Porträts
Herbstanemone S. 72
Narzisse S. 93
Tulpe S. 99

Glossar
Zwiebel S. 113

| April | *Im Handumdrehen* | **ZUBEHÖR:** ein Spaten, eine Harke, ein Zwiebelpflanzer oder eine Pflanzschaufel |

2 bis 3 Euro pro Zwiebel — 10' pro Zwiebel

Zwiebeln für den Sommer setzen

Nachdem sich der Boden etwas erwärmt hat, können Sie mit dem Setzen der Sommerzwiebeln beginnen, die Sie bis in den Herbst mit ihren Blüten erfreuen werden.

Welche Pflanzen?

Die Auswahl an ab Mitte April zu setzenden Zwiebelpflanzen ist riesig. Neben Dahlien in unzähligen Sorten stehen hierfür z. B. auch Gladiolen oder Knollenbegonien, Herbstanemone, das Blumenrohr mit seinem exotischen Flair, an Ananasblüten in Weiß und Grün erinnernde Schopflilien, Schmuckkörbchen, die ebenso lange blühen und duften wie einfach zu pflegende Sterngladiolen, und viele andere Arten zur Verfügung. Die Montbretien stechen daraus durch ihre warmen Farben hervor und die Sterngladiolen durch ihre großen, weißen oder blauen Blütenköpfe.

Grundlagen
Zwiebeln setzen S. 10
Porträts
Begonie S. 75
Blumenrohr S. 77
Herbstanemone S. 72
Schmuckkörbchen S. 79
Dahlie S. 80
Lilie S. 90
Glossar
Zwiebel S. 113

Wie wird's gemacht?

1. Graben Sie den Boden um, und mischen Sie Komposterde und einen Zwiebelpflanzendünger unter.
2. Ebnen Sie die Oberfläche ein.
3. Pflanzen Sie die Zwiebeln einzeln in einer Tiefe, die der einfachen bis doppelten Zwiebelhöhe entspricht. Dies ist besonders für Gladiolen wichtig.

4. Denken Sie gleich an eine Unterstützung für die hochwüchsigen Dahlien.
5. Füllen Sie die Pflanzlöcher auf, und gießen Sie reichlich.

Und dann?

Wässern Sie regelmäßig, vor allem die Dahlien, das Blumenrohr und die Knollenbegonien. Entfernen Sie welke Blüten, und achten Sie auf Anzeichen von Krankheiten oder Schädlingen. Im Herbst müssen die Zwiebeln der Dahlien, Schopflilien, Begonien, Gladiolen und des Blumenrohrs ausgegraben werden. Bei den Kosmeen, Montbretien und Sterngladiolen reicht ein Abdecken mit Laub. Die Zwiebeln der Sterngladiolen lassen

sich nicht wieder verwenden, denn sie sind so klein, dass sie nicht erneut austreiben. Lassen Sie die Knollen an den Wurzeln der Herbstanemone sitzen.

Der Blumengarten im Frühjahr

Der Blumengarten im Frühjahr

April | *Beispiele* | **ZUBEHÖR:** eine Mistgabel, eine Harke und eine Gießkanne

10 Euro · 20' pro m²

Eine Handvoll Samen für ein Bauerngartenbeet

Hier wird ein Blumenbeet vorgestellt, das schon bald in voller Blüte steht. Die nur ein paar Euro kostenden Samen werden im April an einer sonnigen Stelle im Garten verteilt und bringen dann bis in den Herbst ständig Blüten hervor.

Welche Pflanzen?
① 1 Töpfchen einer weißen Petunie.
② 1 Tüte Clarkiensamen (*Clarkia* 'Sybille Sherwood'). Die schnellwüchsige, 60 cm hoch werdende Einjährige bringt zahlreiche, zart lachsfarbene Blüten hervor. Diese müssen nach dem Verwelken ständig entfernt werden, damit sich die Blütezeit verlängert.
③ 1 Tüte Hainblumensamen (*Nemophila menziesii*). Die nur 15 cm hohen, in die Breite wachsenden Pflanzen haben leuchtend blaue Blüten mit einer weißen Mitte.
④ 1 Tüte Lein (*Linum grandiflorum* 'Venise'). Die Sorte wird bis 40 cm hoch und blüht leuchtend rot.
⑤ 1 Tüte Wucherblumen (*Ismelia carinata*). Die bis 60 cm hoch werdenden Pflanzen müssen angebunden werden. Die Blüten sind weiß mit gelber Mitte.

Wie wird's gemacht?
1. Graben Sie den Boden etwa 30 cm tief um, mischen Sie dabei etwas Komposterde unter, und harken Sie ihn glatt.
2. Markieren Sie die Zonen für die einzelnen Pflanzen mit Sand.
3. Verteilen Sie den Samen durch Auswerfen, damit die Anordnung später nicht zu regelmäßig, sondern natürlich aussieht.
4. Gehen Sie noch einmal leicht mit der Harke darüber, drücken Sie die Erde etwas an und wässern Sie anschließend.

Und dann?
Gießen Sie regelmäßig, bis die kleinen Sämlinge erscheinen, und danach weniger. Wenn die Pflanzen noch jung sind, können sie bei Bedarf noch gut ausgelichtet werden, bis sie einen Abstand von 10–25 cm haben. Zu beachten ist, dass sich die Wucherblumen schnell im ganzen Garten ausbreiten können.

Grundlagen
Pflanzen aus Samen ziehen S. 14
Jungpflanzen wässern S. 16
Neu gepflanzte Beete pflegen S. 18
Glossar
Samen S. 109

Mai *Beispiele* **ZUBEHÖR:** eine Mistgabel, eine Pflanzschaufel und eine Gießkanne

3 bis 4 Euro pro Staude — 2h

Ein buntes Beet im kühlen Schatten

Schattige Stellen im Garten bleiben den ganzen Sommer über vergleichsweise kühl. Für sie bietet sich eine Bepflanzung mit schön blühenden oder buntblättrigen Stauden an.

Welche Pflanzen?

① 15 Japanische Etagenprimeln (*Primula japonica*). Die im Juni/Juli blühende Art ist mit ihren zahlreichen Blüten ein Blickfang für jedes Beet.

② 3 Trollblumen (*Trollium europaeus*). Ursprünglich aus den Gebirgen Mitteleuropas stammend, fühlen sich diese Pflanzen auch in den Gärten des Flachlandes wohl, wo sie dichte Bestände bilden und im Juni/Juli aus goldfarbenen Knospen orangefarbene Blüten hervorbringen.

③ 1 Kreuzkraut (*Ligularia dentata* 'Desdemona'). Mit dem heimischen Greiskraut verwandt, zeichnet sich diese Staude durch langstielige, lederartige, hübsch purpurn gezeichnete Blätter aus, die auf der Unterseite rötlich sind. Im Sommer steigern orangegelbe Blütentrauben ihre Attraktivität.

④ 1 Rohrglanzgras (*Phalaris arundinacea* 'Picta'). Dieses Ziergras bringt durch seine weiß gezeichneten Halme mehr Eleganz und helle Effekte in die schattige Szenerie.

⑤ 5 Funkien (*Hosta*), die mit ihren üppigen blauen oder grünen Blättern noch vorhandene Lücken schließen.

Wie wird's gemacht?

Sie können dieses Beet sowohl im Frühjahr als auch im Herbst anlegen, Sie sollten aber große Setzlinge dafür nehmen.
1. Mischen Sie beim Umgraben Komposterde und Torf zur Speicherung der Feuchtigkeit ein.
2. Setzen Sie die Primeln in längeren Reihen und die anderen Stauden daneben, sodass Erstere einen Rahmen bilden.
3. Wässern Sie, bis die Pflanzen nach zwei Wochen angewachsen sind.

Und dann?

Mulchen des Bodens um die Pflanzen hält die Feuchtigkeit des Bodens, und um Schneckenfraß vorzubeugen, können Sie sicherheitshalber Schneckenkorn ausstreuen.

Grundlagen Einpflanzen der Blumen S. 8
Porträts Primel S. 96
Glossar Stauden S. 109

Der Blumengarten im Frühjahr 31

Der Blumengarten im Frühjahr

Mai | Im Handumdrehen | **ZUBEHÖR:** eine Mistgabel und eine Gießkanne

35 Euro

Blühende Rosen pflanzen

Gegen Ende des Frühjahrs ist die Versuchung, Rosen zu pflanzen, wegen des riesigen Angebots besonders groß. Wenn Sie demnächst nicht gerade in Urlaub fahren wollen, lassen Sie sich ruhig in Versuchung führen.

Kaufempfehlungen

Nehmen Sie nach Ende April keine wurzelballierten Rosen (mit Plastik- oder Jutesäcken umwickelt). Containerpflanzen können Sie dagegen das ganze Jahr über setzen. Die Rosen sollten gesundes Laub haben, kräftig aussehen und nach Möglichkeit zahlreiche Knospen besitzen, sodass Sie die Blüten noch wochenlang genießen können. Achten Sie darauf, dass nicht allzu viele Wurzeln aus dem Behälter herausgewachsen sind.

Wie wird's gemacht?

Transportieren Sie Ihre neue Rose mit großer Sorgfalt. Zu Hause angekommen, sollten Sie nicht unnötig lange mit dem Einpflanzen warten.

1. Stellen Sie den Container etwa 20 Minuten in einen Eimer Wasser. In dieser Zeit können Sie ein Pflanzloch ausheben, das zwei- bis dreimal so groß sein muss wie der Wurzelballen. Mischen Sie den Aushub mit Komposterde und speziellem Rosendünger.

2. Stellen Sie den Wurzelballen so in das

Loch, dass dessen Oberfläche sich ungefähr auf Bodenniveau befindet.

3. Schließen Sie das Loch, und legen Sie einen Gießring an. Wässern sie anschließend reichlich, damit die Wurzeln mit dem Erdreich in Kontakt kommen.

Und dann?

Direkt, nachdem die Rose eingepflanzt wurde, muss sie alle zwei Tage gewässert werden. Welke Blüten sollten entfernt werden; erholt sich der Stock nur zögerlich, schneiden Sie ihn um die Hälfte zurück.

Grundlagen
Sträucher pflanzen S. 12
Jungpflanzen wässern S. 16
Neu gepflanzte Beete pflegen S. 18
Porträts
Rose S. 96

Mai | SOS — **ZUBEHÖR:** Stützhilfen, ein Spaliergitter und Bast

Spaliere und Stützhilfe

Egal welche Art von Garten Sie bevorzugen – um eine Sache werden Sie kaum umhinkommen: Üppig wachsende Pflanzen aufzubinden, um sie kompakter zu machen und sehr hohe zu stützen, damit sie nicht abbrechen.

Glossar
Stützen S. 110

Grundlagen des Spalierens

Das Spalieren dient vor allem dazu, Kletterpflanzen in eine bestimmte Richtung zu lenken, um dann durch gezielte Rückschnitte eine vollere Blüte und einen dichten, gleichmäßigen Blattwuchs zu bekommen. Dazu sollte man am besten schon die Triebe junger Pflanzen in der gewünschten Wuchsrichtung anbinden, da dies immer schwieriger wird, je kräftiger sie werden. Besonders gern werden Spalierpflanzen dazu benutzt, um etwas Grün an eine nackte Wand zu bringen. Dazu muss man allerdings wissen, dass viele dieser Pflanzen, z.B. Glyzinien, nur recht spärlich blühen, wenn sie nicht regelmäßig zurückgeschnitten werden. Wenn Sie aber jedes Jahr auf drei Augen zurückschneiden, werden die Pflanzen Sie mit ihrer Blütenfülle überraschen. Verwenden Sie zum Anbinden nur weichen Bast und niemals Draht, Plastikschnur oder Klammern. Außerdem dürfen die Zweige nicht zu fest angebunden werden.

Grundlagen des Abstützens

Eine gute Stützhilfe sollte stets so hoch wie nötig, aber auch so niedrig wie möglich sein. In keinem Fall darf sie in einen Blütenstand hinein- oder gar über diesen hinausragen. Verwenden Sie verzweigte Äste oder Bambusstangen, aber auch die im Handel angebotenen, künstlichen Stützen eignen sich gut für diesen Zweck. Alle müssen lediglich fest in den Boden eingeschlagen werden. Eine gute Stützhilfe ist kaum sichtbar, sondern in der umgebenden Vegetation verborgen. Wenn Stützhilfen mit Draht oder Schnur verbunden werden, lassen sich nicht selten ganze Gruppen abstützen.

Der Blumengarten im Frühjahr — 33

Der Blumengarten im Frühjahr

Mai *Beispiele*   **ZUBEHÖR:** eine Grabgabel, eine Harke, eine Pflanzschaufel und eine Gießkanne

ab 35 Euro/m²

Gewürzpflanzen in einem geometrisch angelegten Beet

Mit Heil- und Gewürzpflanzen kann man das Praktische mit dem Schönen verbinden, denn ein kleines Kräuterbeet ist bei richtiger Planung auch noch hübsch anzusehen.

Welche Pflanzen?

① Thymian (*Thymus vulgaris* 'Silver Posie' und 'Aureus') bildet dichte Polster aus hübsch gefärbten Blättern. Sie benötigen 20 Töpfchen.

② 1 Zitronenmelisse (*Melissa officinalis* 'Aurea'), die in einen Topf gepflanzt und in die Mitte gesetzt wird, damit sie die gesamte Komposition überragt.

③ Oreganopflanzen in Grün und Gold (*Origanum vulgare* und *O. vulgare* 'Aureum') entfalten ihre würzig duftenden Blätter am Rand des Beetes. Sie brauchen 20 Töpfchen.

④ Lorbeer (*Laurus nobilis*) ist ein immergrüner Strauch, der einen Rückschnitt gut verträgt. Sie benötigen 3 Stück.

⑤ Salbei mit purpurfarbenem Laub (*Salvia officinalis* 'Purpurea') bringt Farbe ins Beet; 1 Pflanze genügt.

⑥ Estragon (*Artemisia dracunculus*) muss im Winter vor Frost geschützt werden; 1 Pflanze.

⑦ Minze mit panaschierten Blättern (*Mentha suaveolens* 'Variegata'). Sie breitet sich schnell aus und muss daher unter Kontrolle gehalten werden. 2 Töpfchen reichen aus.

⑧ 1 Erdbeerpflanze.

Wie wird's gemacht?

Ein Quadrat von 2 m Kantenlänge genügt, um diese vergleichsweise strenge Komposition anzulegen. Durch die verlegten Ziegel entstehen vier Dreiecke gleicher Größe. In der Mitte befindet sich eine runde Sandinsel, auf der die eingetopfte Melisse steht.

1. Stecken Sie das Beet ab, und verlegen Sie die Ziegel.
2. Bereiten Sie den Boden dazwischen für die Pflanzen vor, indem Sie ihn umgraben und ihn mit Komposterde und einem handelsüblichen Mineraldünger mischen. Ist die Erde sehr schwer, sollten Sie außerdem Sand hinzufügen, da die Pflanzen keine Staunässe vertragen.
3. Setzen Sie die Pflanzen entsprechend der Abbildung.

Und dann?

Denken Sie in der Folge an das regelmäßige Beschneiden des Lorbeers und der Minze. Wenn man das strenge, gleichmäßige Bild erhalten will, sollten die Blüten entfernt werden.

Glossar
Duftpflanzen
S. 103

Der Blumengarten im Frühjahr   35

Der  Blumen

Juni

Pflanzen	Alle auszupflanzenden Gewächse sollten in Töpfchen oder anderen Behältern vorgezogen sein. Beenden Sie das Anlegen von Saisonbeeten.
Aussäen	Zweijährige (Stiefmütterchen, Gänseblümchen, Vergissmeinnicht etc.)
Pflege	Entfernen Sie die welken Blüten von frühblühenden Stauden und Zwiebelpflanzen.
Wässern	Die Beete einmal pro Woche
Schnitt	Im Frühjahr blühende Sträucher in den Beeten
Aufpassen	Achten Sie auf den Gesundheitszustand aller Pflanzen, vor allem aber der Rosen.
Düngen	
Sonstiges	Unkraut jäten in allen Beeten. Graben Sie die Zwiebeln der Tulpen nach dem Einziehen der Blätter aus.

Zu beachten

→ Gießen Sie lieber nicht so oft, aber viel, als häufig und wenig. Auf diese Weise erhalten Sie kräftigere Pflanzen.

→ Lassen Sie nicht zu, dass Unkraut seine Samen ausbildet. Es heißt nicht umsonst: „Ein Jahr lang vergessen, sieben Jahre Frondienst!"

→ Gießen Sie am Fuß der Pflanzen, vor allem bei solchen Arten, die empfindlich für Pilzinfektionen sind, z. B. Rosen.

In Blüte

- Blumenrohr
- Fuchsie
- Hortensie
- Hibiskus
- Lavendel
- Mohn
- Phlox
- Sommerflieder
- Sonnenblume
- Sonnenhut
- Taglilie

… GARTEN IM SOMMER

Juli	August
Pflanzen Sie in Töpfen gekaufte Exemplare, sobald sie ausreichend Zeit dafür haben.	Pflanzen Sie in Töpfen gekaufte Exemplare, sobald sie ausreichend Zeit dafür haben.
Zweijährige Pflanzen (Fingerhut, Levkoje, Silberblatt etc.)	Vergissmeinnicht und Stiefmütterchen
Jäten Sie Unkraut in den Beeten. Entfernen Sie welke Blüten.	Jäten Sie Unkraut in den Beeten. Entfernen Sie welke Blüten.
Neu bepflanzte und alte Beete	Neu bepflanzte und alte Beete
Schneiden Sie die Frühjahrsblüher zurück und die nur einmal blühenden Rosen. Die mehrfach blühenden Stauden müssen jetzt stark eingekürzt werden.	Schneiden Sie die nur einmal blühenden Rosen zurück. Entfernen Sie Wurzelschößlinge an den Rosen. Trimmen Sie Ihre Sträucher und Topiari noch.
Achten Sie auf Krankheiten und Schädlinge.	Achten Sie auf Krankheiten und Schädlinge.
Versorgen Sie die Rosen und mehrfach blühenden Stauden mit Dünger.	
Stützen Sie die sehr hohen Pflanzen ab. Graben Sie die Zwiebeln von Tulpen und Hyazinthen aus, um Platz zu schaffen, und lagern Sie diese trocken ein. Entfernen Sie welke Blüten.	Teilen Sie die Rhizome der Schwertlilien. Binden Sie Kletterrosen und andere Kletterpflanzen an. Entfernen Sie welke Blüten.

Der Blumengarten im Sommer

KALENDER

Juni — *Beispiele*

ZUBEHÖR: eine Grabgabel, eine Pflanzschaufel, Stützen und eine Gießkanne

10 bis 15 Euro pro Rosenstock, 3 bis 4 Euro pro Staude

Rosen und Begleitpflanzen

Man benötigt lediglich zwei oder drei Begleitpflanzen, um einen Rosenbusch voll zur Geltung zu bringen. Eingerahmt von Stauden verschiedener Größe, entsteht ein auffälliger Kontrast, der die ästhetische Wirkung erhöht.

Welche Pflanzen?

① 1 Rose 'Graham Thomas', die mehrfach blüht. Die gefüllten Blüten verblassen in der Sonne etwas.

② 1 Große Sterndolde (*Astrantia major*). Die horstbildende Staude hat runde, weißrosa Blüten.

③ 4 Töpfchen Rittersporn (*Delphinium grandifolium* 'Blue Butterfly'), die zusammen mit einem Japanischen Zierahorn den Hintergrund bilden und die Farbe der Rosenblüten gut zur Geltung bringen.

④ 1 Schmalblattfunkie (*Hosta sieboldiana* 'Elegans'), die einen guten Kontrast zum Rittersporn bildet und dem Ganzen mehr Raffinesse verleiht.

Wie wird's gemacht?

Wählen Sie einen sonnigen, aber windgeschützten Standort aus.

1. Stellen Sie alle neuen Pflanzen ins Wasser, während Sie den Boden vorbereiten.
2. Heben Sie die Pflanzlöcher aus, die zwei- bis dreimal so groß sein müssen wie die Wurzelballen. Mischen Sie den Aushub mit Kompost und für die Rose mit einer Handvoll Rosendünger.
3. Setzen Sie den Wurzelstock so, dass sein oberer Teil etwa mit der Erdoberfläche abschließt. Füllen Sie das Pflanzloch auf, und legen Sie einen Gießring an.
4. Setzen Sie die Stauden in die dafür vorgesehenen Löcher auf eine Schicht Erde, die mit einer Handvoll Dünger vermischt wurde. Die größten Pflanzen kommen nach hinten, die kleineren nach vorne. Graben Sie auch gleich die Stützen für den Rittersporn mit ein.
5. Gießen Sie reichlich, und achten Sie den ganzen Sommer über darauf, dass Rittersporn und Sterndolde ausreichend gewässert sind. Die Funkie sollte mit Schneckenkorn geschützt werden.

Und dann?

Schneiden Sie die Rose erstmals gegen Ende des nächsten Winters etwas zurück, damit sie ihre Form behält. Schneiden Sie die Stauden im Herbst bis auf den Boden herunter. Verteilen Sie im März ein wenig frische Gartenerde und Dünger um jede Pflanze. Durch Mulchen kann der Unkrautwuchs eingeschränkt und die Bodenfeuchtigkeit verbessert werden.

Der Blumengarten im Sommer

Grundlagen
Einpflanzen der Blumen S. 8
Sträucher pflanzen S. 12
Jungpflanzen wässern S. 16
Neu gepflanzte Beete pflegen S. 18

Porträts
Funkie S. 86
Rose S. 96

Juni | *Beispiele* | **ZUBEHÖR:** eine Grabgabel, eine Pflanzschaufel und eine Gießkanne

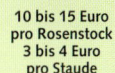

10 bis 15 Euro pro Rosenstock
3 bis 4 Euro pro Staude

Blumenmosaike in der Sonne

Diese schmale Rabatte vor einer Mauer, die von einer Kiefer und einem kräftigen Holunder begrenzt wird, erhält ihre charmante Note von einem gut geplanten Durcheinander sorgfältig ausgewählter Pflanzen.

Welche Pflanzen?

① 1 Kletterrose 'Seagull', die in die unteren Äste der Kiefer hineinwächst.
② 1 purpurblütiges Löwenmaul (*Antirrhinum*).
③ Mehrere Veilchen und Stiefmütterchen (*Viola*); etwa 6 Töpfchen.
④ 1 Storchschnabel (*Geranium* 'Biokovo').
⑤ 1 Silbersalbei (*Salvia argentea*), der mit der Trockenheit unter der Kiefer gut zurechtkommt.
⑥ Roter Fingerhut (*Digitalis purpurea*), dessen Blütentrauben sich deutlich vom Grün der Umgebung abheben; benötigt werden etwa 5 Pflanzen.
⑦ 1 Exemplar einer wüchsigen, himmelblauen Sorte (z.B. 'Blue Bees') des Rittersporns (*Delphinium*), die den hohen Abschluss auf der anderen Seite bildet.
⑧ 1 Rose (*Rosa* 'Phyllis Bide') vor dem Rittersporn, die das Beet mit ihren kleinen, creme- bis bernsteinfarbenen Blüten aufhellt.

Wie wird's gemacht?

1. Stellen Sie alle Pflanzen ins Wasser, während Sie die Pflanzlöcher vorbereiten.

Für die Rosen sollten diese zwei- bis dreimal so groß wie die Wurzelballen sein. Mischen Sie den Aushub mit Komposterde und Rosendünger.
2. Legen Sie die Ranken der Kletterrose spiralförmig um den Baumstamm, denn sie blüht bereits ganz unten; die untersten Zweige sollten dabei fast horizontal ausgebreitet werden.
3. Setzen Sie die anderen Pflanzen, wobei die großen nach hinten kommen, und gießen Sie gut an.

Und dann?

Der Fingerhut sät sich selbst aus und verstärkt so seine Präsenz. Veilchen und Stiefmütterchen werden nach dem Abblühen durch Fleißige Lieschen ersetzt. Denken Sie daran, beim Salbei schon die Knospen zu entfernen, damit Sie möglichst lange etwas von den samtigen Blattrosetten haben. Kürzen Sie die Zweige der Rose 'Phyllis Bide' nach Ende jedes Winters um zwei Drittel ein.

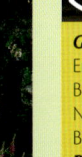

Grundlagen
Einpflanzen der Blumen S. 8
Neu gepflanzte Beete pflegen S. 18
Porträts
Storchschnabel S. 84
Rose S. 96
Glossar
Stützen S. 110

Der Blumengarten im Sommer 39

KALENDER

Der Blumengarten im Sommer

Juni — Im Handumdrehen

Die Lückenfüller nicht vergessen

Es ist eher selten, dass ein Blumenbeet während des ganzen Sommers unverändert bleibt. Vielmehr entstehen normalerweise immer wieder Lücken, die man jedoch mit einer Vielzahl von Saisonblühern sehr leicht schließen kann.

Welche Pflanzen?
Suchen Sie nach solchen Arten, die gut zum Gesamtbild des Beetes passen. So macht sich z.B. Ziertabak (*Nicotiana*)

hervorragend zwischen weiß, rosa, grüngelb oder rot blühenden Pflanzen und duftet zudem oft sehr angenehm. Andere Pflanzen für diesen Zweck sind Strauchmargeriten (*Argyranthemum*) mit ihren zahlreichen kleinen, einfachen oder gefüllten Blüten und den meergrünen, geteilten Blättern. In ihrer Wirkung als Bodendecker nicht zu unterschätzen sind hier auch die Fächerblumen (*Scaevola*) in ihrem gedeckten Blau oder die vielfarbigen Verbenen (*Verbena*). Der praktisch immer blühende Zweizahn (*Bidens*) ist übersät mit gelben Sternen, und auch die vielen Arten mit hübschen Blättern, z.B. das Silbergreiskraut (*Senecio maritima*) mit seinen tief eingeschnittenen, silbrigen Blättern und die diversen Buntnesseln sowie die wuchsfreudige Lakritz-Strohblume (*Helichrysum petiolare*).

Wie wird's gemacht?
1. Bereiten Sie die zu bepflanzenden Stellen mit Komposterde und Dünger vor.
2. Setzen Sie die Pflanzen dicht nebeneinander, und wässern Sie häufig, bis sich die Setzlinge erholt haben.
3. Kürzen Sie die Pflanzen wiederholt ein, solange sie noch jung sind, damit sie sich reich verzweigen.

Und dann?
Wässern Sie während des ganzen Sommers gut, damit reichlich Blüten gebildet werden. Die Pflanzen bleiben bis Ende September schön; danach kann man sie ausgraben, denn sie überstehen den Winter nicht. Von den Tabakpflanzen können Sie aber die Samen für das nächste Jahr aufheben.

Grundlagen
Einpflanzen der Blumen S. 8
Jungpflanzen wässern S. 16
Neu gepflanzte Beete pflegen S. 18

Juli — *Im Handumdrehen*

Lassen wir sie nochmals blühen!

Unter den Staudengewächsen finden sich etliche Pflanzen, die die dankenswerte Eigenschaft haben, zweimal in einem Jahr zu blühen. Allerdings müssen sie dazu oft erst ermuntert werden.

Welche Pflanzen?

Wenn Sie Rittersporn, Lupine, Frauenmantel, Storchschnabel oder auch Berufkraut, Katzenminze, Steppensalbei und Bergflockenblumen in Ihrem Garten haben, freuen Sie sich sicherlich über deren reiche Blüte zu Frühjahrsende und Sommeranfang. Möglicherweise übersehen Sie dabei jedoch das eigentliche Potenzial dieser wuchsfreudigen Pflanzen.

Wie wird's gemacht?

1. Schneiden Sie gegen Ende Juni die abgeblühten Pflanzen bis auf 5–10 cm über dem Boden herunter. Entfernen Sie beim Frauenmantel sämtliche Blätter, damit neue und schönere gebildet werden.

Durch regelmäßiges Entfernen welker Blüten wird die Blütezeit verlängert.

2. Verteilen Sie am Fuße jeder Pflanze etwas Dünger, und wässern Sie reichlich, damit die Pflanzen neu austreiben und im Herbst noch einmal reichlich blühen.

Gut zu wissen

Generell gilt, dass das regelmäßige Entfernen welker Blüten zu einer Verlängerung der Blütezeit führt. Solche Maßnahme ist besonders bei Pflanzen wie Rote Spornblume (*Centranthus ruber*), Mädchenauge (*Coreopsis*), Schafgarbe (*Achillea*), Grindkraut (*Scabiosa*) und Kokardenblume (*Gaillardia*) wichtig, die auf diese Weise monatelang ohne Unterbrechung blühen. Nehmen Sie sich also die Zeit dafür, denn es lohnt sich.

Grundlagen
Jungpflanzen wässern S. 16
Neu gepflanzte Beete pflegen S. 18
Glossar
Stauden S. 109

Der Blumengarten im Sommer — 41

Juli — Allgemeines

Der Blumengarten im Sommer

Abenddüfte

Was kann schöner sein, als wenn man mit Einsetzen der Abenddämmerung von dem vollen Duft in Blüte stehender Pflanzen umgeben ist, die auf diese Weise nachtaktive Insekten zur Bestäubung anlocken?

Nicotiana sylvestris
Dieser Ziertabak beeindruckt nicht nur durch seine Größe – er wird fast 2 m hoch –, sondern auch durch die langen, weißen Trichterblüten, die tagsüber geöffnet bleiben. Sehen Sie für diese außergewöhnliche Pflanze vorzugsweise einen kühleren Standort im Halbschatten vor; sie wächst aber auch in voller Sonne inmitten eines Beetes. Der berauschende Duft der Blüten wird mit Einbruch der Nacht besonders stark.

Mirabilis jalapa
Die einjährige, buschige Wunderblume öffnet ihre Blüten im Hochsommer erst abends, wenn die größte Hitze vorüber ist. Diese können ganz unterschiedlich gefärbt sein, etwa weiß, rosa, gelb, rot und bisweilen auch auffällig gestreift. Ihr Duft ist merkwürdig nussig. Eine Selbstaussaat kann entlang einer besonnten Mauer gelingen, ansonsten müssen die Knollen in gleicher Weise wie die von Dahlien überwintert werden.

Oenothera biennis
Die Gewöhnliche Nachtkerze breitet sich durch Selbstaussaat aus und bildet dadurch Horste von bis zu 1,50 m hohen Pflanzen, die nach außen immer jünger werden. Die großen gelben Blüten gehen erst am Abend auf und scheinen wie zum Einfangen des Mondlichts gemacht. Ihr Duft ist durchdringend, aber angenehm, sodass man sich Nachtkerzen unter ein Fenster pflanzen und sich so den Duft ins Haus holen kann.

Grundlagen
Einpflanzen der Blumen S. 8
Neu gepflanzte Beete pflegen S. 18

Juli — *Beispiele*

ZUBEHÖR: eine Grabgabel, eine Pflanzschaufel und eine Gießkanne

 (2h30)

20 Euro pro Strauch
3 bis 4 Euro pro Töpfchen
9 Euro für 3 Dahlienknollen

Ein Beet in warmen Farben

Nachdem Gärten mit überwiegend hellen Blüten lange Zeit sehr modern waren, findet inzwischen die Anlage von Beeten mit nur einer warmen Farbe immer mehr Anhänger.

Welche Pflanzen?

① 2 Rote Sandkirschen (*Prunus cistena*). Der Strauch hat eine kompakte Gestalt und erreicht 1,50 m Höhe. Das schöne purpurfarbene Laub wird im Frühjahr durch kleine rosa Blüten aufgelockert.

② Dahlien (*Dahlia* 'Bischof von Llandaff'). Diese Sorte hat tief eingeschnittene Blätter von dunkler Farbe, vor denen die leuchtend roten Blüten mit dunkler Mitte bestens zur Geltung kommen. Man benötigt 5 bis 6 Knollen.

③ 6 Fingerkraut (*Potentilla atrosanguinea*). Die Stauden blühen in einem gedämpften Rotton und bilden so einen guten Vordergrund für einige rot blühende Taglilien (*Hemerocallis* 'Burning Daylight').

④ 2 Montbretien (*Crocosmia* 'Lucifer'). Diese elegant wirkende Zwiebelpflanze hat verzweigte Ähren aus tiefroten Blüten. Sie breitet sich mit der Zeit weiter aus.

⑤ 4 Löwenmaul (*Antirrhinum*) (rot). Diese Pflanzen bringen immer wieder neue Blüten hervor, wenn man ihre verwelkten Blütentriebe abschneidet.

⑥ Kapuzinerkresse (*Tropaeolum* 'Empress of India'). Diese rotblütige Sorte erobert sogar den angrenzenden Kiesweg – wenn man sie lässt.

Wie wird's gemacht?

1. Lassen Sie alle Töpfe in Wasser einweichen, während Sie das Pflanzloch für die Sandkirschen vorbereiten. Setzen Sie diese zuerst, dann die Montbretien und das Fingerkraut.
2. Pflanzen Sie als Nächstes die Saisonblüher nach Größe gestaffelt dicht an dicht, damit sie den Boden abdecken und Unkraut keine Chance hat. Angießen nicht vergessen.

Und dann?

Im Herbst werden Fingerkraut, Taglilien und Montbretien abgeschnitten und gut mit Laub abgedeckt, sodass der Frost ihnen nichts anhaben kann. Gegen Ende des Winters wird die Sandkirsche etwas zurückgeschnitten.

Gut zu wissen

Sie können zwar auch sämtliche Pflanzen vorgezogen in Töpfen kaufen, aber wenn Sie Ihre Beete gut vorausplanen, führt das Setzen der Dahlienknollen ab Mitte April und das gleichzeitige Aussäen der Kapuzinerkresse zum gleichen Ergebnis.

Grundlagen
Zwiebeln setzen S. 10
Pflanzen aus Samen ziehen S. 14
Beete pflegen S. 18

Porträts
Dahlie S. 80
Kapuzinerkresse S. 98

Glossar
Einjährige S. 104
Stauden S. 109

Der Blumengarten im Sommer

KALENDER

Der Blumengarten im Sommer

August *Beispiele* — **ZUBEHÖR:** eine Grabgabel, eine Pflanzschaufel, eine Gießkanne und Stützen

 2h

3 bis 4 Euro pro Topf
9 Euro für 3 Dahlienknollen

Ein Beet für den Hochsommer

Manche Gärtner klagen über die Lücke in der Blütenpracht während des Hochsommers. Dabei muss man nur die richtigen Pflanzen aussuchen, wenn man auch während der Hundstage nicht auf frische Farbtupfer im Garten verzichten will.

Welche Pflanzen?

① **Taglilien** (*Hemerocallis*) blühen nur ein einziges Mal, und jede Blüte hält sich nur einen Tag lang. Die Fülle ihrer Blüten und die attraktive Form der Blätter machen sie im Hochsommer aber dennoch zu echten Stars. 1 Stock genügt.

② **Dahlien** (3 Knollen) sind für die Zeit zwischen Hochsommer und Herbst unverzichtbar. Sie blühen sehr lange und verlangen dafür lediglich regelmäßiges Gießen, eine Stütze und das Entfernen welker Blüten.

③ **Goldmohn** (*Eschscholzia californica*) sät sich selbst aus und kommt so jedes Jahr ohne weiteres Zutun wieder.

④ **Bärenohr** (*Arctotis*). 3–4 Töpfchen dieser frostempfindlichen Pflanze sorgen den ganzen Sommer über für eine ununterbrochene Blüte.

⑤ 1 **Mädchenauge** (*Coreopsis verticillata* 'Grandiflora'). Diese Sorte erreicht eine Höhe von 60 cm und besticht durch ihre eleganten grünen Blätter sowie unzählige leuchtend gelbe Blüten von Juni bis September..

Wie wird's gemacht?

1. Anfang April werden die Samen des Goldmohns an der gewünschten Stelle ausgestreut. Danach müssen Sie lediglich seine Ausbreitung verhindern.

2. Gleich anschließend können die vorgezogenen Stauden (Taglilie und Mädchenauge) gesetzt werden. Mischen Sie ihre Erde mit Kompost und Dünger.

3. Ab Mitte April können die Dahlienknollen in die Erde, am besten gleich zusammen mit den später benötigten Stützen.

4. Mitte Mai ist die Zeit für das Bärenohr gekommen. Die Pflanzen sind kälteempfindlich, brauchen also Wärme, damit sie gut anwachsen.

Und dann?

Ende des Sommers können Sie Bärenohrstecklinge schneiden und – ebenso wie die Dahlienknollen – frostsicher überwintern. Das Laub der Taglilie und des Mädchenauges wird abgeschnitten, aber erst, nachdem sie verwelkt sind. Letzteres kann sogar noch einmal neue Austriebe bilden.

Grundlagen
Zwiebeln setzen S. 10
Pflanzen aus Samen ziehen S. 14
Jungpflanzen wässern S. 16
Neu gepflanzte Beete pflegen S. 18
Porträts
Dahlie S. 80
Mohn S. 95
Taglilie S. 85
Glossar
Vermehrung S. 111

Der Blumengarten im Sommer — 45

KALENDER

Der Blumengarten im Sommer

August — Beispiele

ZUBEHÖR: eine Grabgabel, eine Pflanzschaufel und eine Gießkanne

3 bis 4 Euro pro Staude
20 Euro pro Strauch

Frisch und aufgelockert

Ein paar weiße Blüten sowie einige Pflanzen mit schlanker Silhouette – und schon hat man eine Beetkomposition fernab des Alltäglichen.

Wie wird's gemacht?
1. Setzen Sie die Stauden im Herbst oder Frühjahr in eine mit Kompost und Dünger angereicherte Erde. Sehen Sie etwa 3 m² für jedes Riesen-Schleierkraut vor. Angießen nicht vergessen.
2. Säen Sie das Mannstreu im Sommer.

Und dann?
Entfernen Sie die welken Blüten der Glockenblumen. Wenn Sie die nötige Geduld haben, sollten Sie sie einzeln abpflücken, da hierdurch die Knospenbildung gefördert wird. Schneiden Sie im Herbst alle Stauden bis auf den Boden ab, und halten Sie den Buchsbaum durch Schnitt im April und August in Form.

Gut zu wissen
Das Rohrglanzgras breitet sich sehr schnell aus. Zögern Sie also nicht, Ableger auszureißen. Diese können Sie in eine schattige Ecke des Gartens umpflanzen, wo sie durch ihre Blätter für Aufhellung sorgen.

Welche Pflanzen?

① 1 kugelförmig geschnittener Buchsbaum (*Topiari*), der die rechtwinklige Ecke des Gehweges ausfüllt und mit seiner dunklen Färbung die hellen Töne der anderen Pflanzen betont.

② Hornveilchen (*Viola cornuta* 'Alba'). Mit ihrer geringen Wuchshöhe eignen sich diese Pflanzen bestens als Bodendecker; mindestens 2 Töpfchen.

③ Pfirsichblättrige Glockenblume (*Campanula persicifolia* 'Alba') mit großen, weißen Blütenständen, die im Juni/Juli gebildet werden; 3 Töpfchen.

④ Riesen-Schleierkraut (*Gypsophila paniculata*). 2 dieser Stauden schaffen einen filigranen Hintergrund für die gesamte Beetkomposition. Die winzigen, weißen Blüten verströmen einen Honigduft und halten sich mehrere Monate.

⑤ 1 Rohrglanzgras (*Phalaris arundinacea* 'Feesey's Form'), das mit seinen panaschierten Blättern für eine künstlerische Komponente sorgt.

⑥ 1 Elfenbein-Mannstreu (*Eryngium giganteum*). Die zweijährige Pflanze sät sich von allein aus. Sie wird 55 cm hoch und bringt dekorative Blütenstände hervor.

Grundlagen
Einpflanzen der Blumen S. 8
Pflanzen aus Samen ziehen S. 14
Jungpflanzen wässern S. 16
Neu gepflanzte Beete pflegen S. 18

Porträts
Buchsbaum S. 76
Polsterglockenblume S. 77
Veilchen S. 99

August · **SOS** · ZUBEHÖR: eine Gartenhacke und eine Harke

Kampf der Trockenheit!

Im Sommer verbringt der Gärtner den größten Teil seiner Zeit mit Wässern und kommt sich dabei oft wie ein zu Zwangsarbeit Verurteilter vor. Dabei bedarf es nur weniger Tricks, damit wieder mehr Zeit zum Genießen des Gartens bleibt.

Die Erde aufhacken

Unternehmen Sie etwas gegen die Verdunstung aus den freien Flächen zwischen den Pflanzen. Nicht umsonst heißt es, einmal hacken ist so gut wie zweimal gießen! Gleichzeitig verhindert man, dass Unkräuter überhandnehmen.

Mulchen

Hierunter versteht man das Abdecken freier Bodenflächen mit Materialien wie Baumrinde, Holzspänen usw., die die Verdunstung verringern und Unkräutern das Auskeimen erschweren. Verteilen Sie das Material auf dem zuvor aufgelockerten und durchfeuchteten Boden. Diese Maßnahme kann während des ganzen Jahres durchgeführt werden.

Wässern einfach gemacht

Nichts ist einfacher, als einen Flächenregner zu installieren. Mit einer Zeitschaltuhr oder programmierbaren Steuereinheit versehen, nimmt Ihnen eine solche einfach zu installierende, mobile Anlage einen großen Teil der Arbeit ab. Meiden Sie jedoch in jedem Fall die Mittagshitze zum Wässern; abends oder morgens ist für die Pflanzen gesünder. Sie können sich aber auch für eine Tropfbewässerung entscheiden. Der dafür benötigte Spezialschlauch wird dazu zickzackartig auf dem Beet verlegt. Dies ist die wassersparendste Methode der Bewässerung überhaupt. Wenn Sie mit einer Gießkanne gezielt wässern, geben Sie jeder Pflanze reichlich Wasser, dafür aber nur alle zwei oder drei Tage. Auch hier sollten Sie den Abend oder Morgen wählen.

Grundlagen
Neu gepflanzte Beete pflegen S. 18
Glossar
Mulch S. 107
Wässern S. 103

Der Blumengarten im Sommer

Der Blumengarten im Herbst

September

Pflanzen	Zwiebeln von Herbstblühern (Herbstzeitlose, Nerine etc.), *Lilium candicum* und Kaiserkrone sowie immergrüne Sträucher
Pflege	Jäten Sie Unkraut, und entfernen Sie welke Blüten.
Wässern	Neu bepflanzte und alte Beete
Schnitt	
Vermehren	Säen Sie die winterharten Einjährigen, die zweijährig kultiviert werden sollen (Ringelblume, Kornblume, Mohn etc.) und Duftwicken.
Schützen	
Sonstiges	Achten Sie auf Krankheiten und Schädlinge. Entfernen Sie welke Blüten.

Zu beachten

→ Die um Allerheiligen angebotenen Heidekräuter sind nicht immer winterhart, aber trotzdem schöne Beetpflanzen.

→ Um zu verhindern, dass zum späteren Setzen bestimmte Pflanzen austrocknen, stellt man sie mit noch verpackten Wurzeln in ein zuvor ausgehobenes Loch.

In Blüte

- Aster
- Chrysantheme
- Dahlie
- Elefantengras
- Fetthenne
- Herbstanemone
- Herbstzeitlose
- Mädchenauge
- Nerine
- Orangenblume

Oktober	November
Bäume, Sträucher, Kletterpflanzen und Stauden sowie die Zwiebeln von Frühjahrsblühern und die Zweijährigen	Bäume, Sträucher, Kletterpflanzen, Rosen und Stauden sowie Heidepflanzen, aber auch Exemplare mit nackten Wurzeln sowie die Zwiebeln von Frühjahrsblühern und die Zweijährigen.
Machen Sie die Beete sauber.	Machen Sie die Beete sauber.
Neu gepflanzte Beete	Neue gepflanzte Beete.
Schneiden Sie Hecken und sommergrüne Pflanzen zurück.	Schneiden Sie die sommergrünen Stauden zurück, zumindest jene, die bereits keine Blätter mehr haben. Verkleinern Sie die Rosenstöcke.
Teilen Sie die Stauden.	Teilen Sie die Stauden.
Bringen Sie die nicht winterharten Pflanzen an einen frostsicheren Ort. Graben Sie die Dahlienknollen und die Gladiolenzwiebeln aus, und verstauen Sie diese frostsicher.	Bringen Sie nicht winterharte Pflanzen an einen frostsicheren Ort. Graben Sie die Dahlienknollen und die Gladiolenzwiebeln aus, und verstauen Sie diese frostsicher.
Mulchen Sie die Beete.	Graben Sie die Erde zwischen den Beetpflanzen um.

Der Blumengarten im Herbst

Der Blumengarten im Herbst

September | *Beispiele*

ZUBEHÖR: eine Grabgabel, eine Pflanzschaufel und eine Gießkanne

3 bis 4 Euro pro Staude

Ein Feuerwerk zum Abschied

Die spät blühenden Stauden entfalten erst mit Einsetzen des Herbstes ihre ganze Pracht, und auch ihre Blätter zeigen, bevor sie schließlich abfallen, die erstaunlichsten, sich immer wieder verändernden Farben.

Welche Pflanzen?

① Neuengland-Astern (*Aster novae-angliae*) wachsen schnell und schmücken sich im Herbst mit zahllosen bunten Blüten; 4 Töpfchen. Besonders geeignet sind auch die Sorten der Glattblattaster (*Aster novi-belgii*), die gegen Echten Mehltau resistent sind.

② Fetthenne (*Sedum* 'Herbstfreude'; 1 Stock) sollte in keinem Garten fehlen. Die dankbare Pflanze sieht stets gepflegt aus und verschönt die Nachsaison mit ihren zahlreichen (sterilen) Blüten, die sich bis in den Winter hinein halten. Zunächst sind sie rot, nach dem ersten Frost werden sie braun.

③ Sonnenhut (*Rudbeckia fulgida* var. *sullivantii* 'Goldsturm') ist winterhart,

wuchsfreudig und bringt den ganzen Herbst hindurch hübsche gelbe Korbblüten mit schwarzer Mitte hervor; 2 Töpfchen.

Wie wird's gemacht?

1. Setzen Sie die Pflanzen im Herbst oder Frühjahr in komposthaltige, mit Dünger angereicherte Erde, vorzugsweise an einen Standort mit viel Sonne.
2. Nach dem Einweichen in Wasser sollten die wuchsfreudigen Pflanzen im Abstand von etwa 60 cm gesetzt werden. Angießen nicht vergessen.
3. Schneiden Sie die Astern gleich nach der Blüte bis auf den Grund ab, während Sonnenhut und die Fetthenne zuerst einziehen sollten. Mit Raureif bedeckt, sehen sie außerdem besonders schön aus.
4. Teilen Sie die Wurzelstöcke alle 3 Jahre auf, am besten im Winter oder Frühjahr, damit sie wuchsfreudig bleiben.

Grundlagen
Einpflanzen der Blumen S. 8
Neu gepflanzte Beete pflegen S. 18
Porträts
Aster S. 74
Fetthenne S. 97
Sonnenhut S. 97
Glossar
Stauden S. 109
Vermehrung S. 111

September — Im Handumdrehen

ZUBEHÖR: ein scharfer Pflanzspaten oder eine Rasenkantenschere

20' pro Meter

Saubere Rasenkanten

Wenn Sie Ihren Rasen pflegen und regelmäßig mähen, werden Ihnen auch die Abgrenzungen zu den Beeten am Herzen liegen, denn erst tadellose Kanten machen eine Grünanlage perfekt. Außerdem können Sie auf diese Weise das Einwachsen des Rasens in die Beete verhindern.

Grundlagen
Ein Blumenbeet anlegen S. 6
Glossar
Rasenkanten S. 108

besser zur Geltung. Sie können diese Gelegenheit gleich dazu nutzen, kahle Stellen, an denen Gras abgestorben ist, neu einzusäen. Dies kann beispielsweise der Fall sein, wenn Beetpflanzen angrenzende Rasenbereiche sehr stark beschatten, weil sie nicht korrekt zurückgeschnitten wurden. Rasensamen keimen am besten im feuchten Herbst.

Gut zu wissen
Um den Aufwand so gering wie möglich zu halten, sollten Sie nicht allzu wuchsfreudige Pflanzen an die Ränder angrenzender Beete pflanzen, damit sie weder das Mähen noch das Wachstum des Grases behindern. Taglilien, Funkien oder große Geranien sind z. B. nicht besonders gut geeignet.

Wie wird's gemacht?
Im Idealfall werden die Kanten alle zwei Monate nachgestochen.
1. Markieren Sie gerade Kanten mit einer Schnur und geschwungene Beetränder mit einem Gartenschlauch, damit sie eine gute Orientierungshilfe für die Arbeiten haben.
2. Nehmen Sie einen kleinen Kantenspaten, den Sie zuvor angeschliffen haben.
3. Stechen Sie mit dem Spaten senkrecht entlang der Führung den überstehenden Rasen ab. Der Abfall kann dann auf den Kompost.
4. Ziehen Sie abschließend einen kleinen Graben von ca. 10 cm Tiefe entlang der Kanten, um so ein schnelles Einwachsen des Grases in das Beet zu erschweren.

Und dann?
Wenn Sie die Kanten in regelmäßigen Abständen nachstechen, benötigen Sie dafür jeweils weniger Zeit; außerdem bringen saubere Ränder Ihre Beete auch

Der Blumengarten im Herbst

Der Blumengarten im Herbst

September | *Beispiele* | ZUBEHÖR: eine Grabgabel, eine Pflanzschaufel und eine Gießkanne

3 bis 4 Euro pro Staude

Die Schönheit von Gräsern

Ziergräser haben einen einzigartigen Charme und finden in modernen Gärten immer häufiger Verwendung, denn sie beeindrucken durch ihr natürliches Aussehen, die klaren Linien und die lange haltbaren Blütenstände.

Wie wird's gemacht?
1. Wählen Sie eine sonnige Stelle mit gut durchlässigem Boden.
2. Setzen Sie die Gräser erst zu Beginn des Frühjahrs, denn sie mögen kein feuchtes Winterwetter. Weichen Sie die Töpfe zuvor gut ein, und verwenden Sie lockere Blumenerde. Die größten Gräser bilden den Hintergrund und werden daher zuerst gepflanzt. Bei zu wenig Sonne kümmern alle Gräser.

Welche Pflanzen?
① Gazanien (*Gazania*; 6 Töpfchen). Die einjährigen Bodendecker zeichnen sich durch hübsche, silbrige Blattrosetten und orange getönte Blüten aus, die sich erst bei voller Sonne ganz öffnen. Als kleine Vordergrundpflanzen bringen sie die dahinter stehenden Gräser erst richtig zur Geltung.
② Hirse (*Panicum* 'Rehbraun'; 6 Töpfchen). Die mit etwa 90 cm nicht zu hohe Pflanze bildet im Sommer dunkelgrüne Halme mit einem Anflug von Purpur. Im Herbst wird daraus dann ein Feuerwerk in Rot, das man durch dichtes Setzen noch verstärken kann.
③ Reitgras (*Calamagrostis* 'Karl Foerster'; 4 Töpfchen). Das bis 1,80 m hohe Gras hat bläuliche Blätter und dekorative Blütenrispen, die sich von Juni bis Dezember halten. Später kommen dann noch beigefarbene Farbtöne hinzu.
④ 1 Neuseelandflachs (*Phormium tenax* 'Atropurpureum') wird neben den Grasinseln angeordnet, wo seine festen, dunkel purpurfarbenen Blätter einen hübschen Akzent setzen. Der Blütenstängel kann 2 m lang werden.

3. Die Gazanien kommen erst gegen Ende des Frühjahrs in die Erde, die mit etwas Kompost verbessert wurde. Sie können ruhig dicht gesetzt werden, damit der Eindruck von Fülle entsteht. Angießen nicht vergessen.

Und dann?
Schneiden Sie die Ziergräser erst im Winter herunter, denn ihre Blütenstände bleiben auch trocken noch lange Zeit attraktiv. Der Flachs sollte sicherheitshalber mit Laub abgedeckt werden. Die Gazanien überstehen den Winter nicht.

Grundlagen
Einpflanzen der Blumen S. 8
Jungpflanzen wässern S. 16
Neu gepflanzte Beete pflegen S. 18
Glossar
Ziergräser S. 112

Oktober — *Allgemeines*

Ein Trio für den Herbst

Von den Blumen der Nachsaison verdienen es drei wegen ihrer verblüffend späten Blütenpracht ganz besonders, in jedem Garten vertreten zu sein.

Fetthenne
Diese dickblättrigen Pflanzen sind völlig frostunempfindlich. Eine sehr dankbare Art ist *Sedum spectabile* beispielsweise mit den Sorten 'Brilliant' mit großen Blütendolden in kräftig rosa oder 'Iceberg' mit weißen Blüten oder auch 'Frosty Morn', die dazu noch prächtige, cremefarben gerandete Blätter hat. 'Matrona' ist eine sehr wuchsfreudige Sorte mit bläulichen Blättern und großen orange-

rosa Blüten, während 'Herbstfreude', eine weitere sehr schöne Sorte, sterile Blütenköpfe besitzt, die bis in den Winter hinein rötlich leuchten.

Chrysanthemen
Die heute zumeist winterharten Chrysanthemen wachsen zu großen, kompakten Büschen heran und sind mit ihren vielen Blüten in den verschiedensten Farben eine Zierde für jedes herbstliche Beet. Wenn die Pflanzen abgeblüht sind, schneidet man sie bis auf den Grund herunter und deckt sie den Winter über mit Laub ab. Die Wurzelstöcke sollten alle zwei Jahre geteilt werden.

Herbstanemone
Diese Pflanzen treten gern mit allen anderen Gewächsen in Konkurrenz und versuchen, diesen den Platz durch starkes Wurzelwachstum streitig zu machen. Daher sollte man sie vorzugsweise einzeln und in einiger Entfernung von anderen Stauden setzen. Die beste Pflanzzeit ist das Frühjahr, denn junge Exemplare vertragen kein feuchtes Winterwetter. Es gibt diese Pflanzen mit weißen, rosa oder rötlichen Blüten, sowohl einfach als auch gefüllt.

Grundlagen
Einpflanzen der Blumen S. 8
Neu gepflanzte Beete pflegen S. 18
Porträts
Chrysantheme S. 78
Fetthenne S. 97
Glossar
Stauden S. 109

Der Blumengarten im Herbst

Oktober — *Beispiele*

ZUBEHÖR: eine Grabgabel, eine Pflanzschaufel und eine Gießkanne

3 bis 4 Euro pro Staude

Eine Rabatte im Schatten

Der Fuß einer nach Norden weisenden Mauer ist der geeignete Platz für Pflanzen, die es schattig und kühl mögen. Auch hier lässt sich durchaus eine schöne Mischung aus Blüten und dekorativem Laub gestalten.

Wie wird's gemacht?
1. Bereiten Sie den Boden durch Umgraben und Untermischen von Kompost und Grunddünger vor.
2. Weichen Sie alle Wurzelballen ein.
3. Setzen Sie die Pflanzen in Abständen von 40–50 cm, und gießen Sie sie gut an.

Und dann?
Wässern Sie regelmäßig, bis sich die Pflanzen vollständig erholt haben. Mulchen Sie anschließend, damit die Feuchtigkeit länger erhalten bleibt und Unkräuter ferngehalten werden. Schneiden Sie trockene Farnwedel ab und im Herbst die Funkie und die Wiesenraute bis auf den Boden zurück.

Sie können diese Komposition auch noch durch ein weißblütiges Tränendes Herz ergänzen, das es gleichermaßen schattig und feucht mag. Dies trifft auch auf Veilchen zu, die, zu Füßen der Funkie gepflanzt, ein schönes Bild ergeben.

Welche Pflanzen?
① 1 Funkie. Diese Stauden sind vor allem wegen ihrer hübschen Blätter sehr beliebt. Hier wurde die Sorte 'So Sweet' gewählt, die schon bald rasch wächst. Die zuverlässigen Pflanzen sind allerdings etwas anfällig gegen Trockenheit, sengende Sonne und Schnecken. Es ist daher wichtig, schon Schneckenkorn auszustreuen, wenn im Frühjahr die ersten zarten Blättchen erscheinen.

② 1 Farn. Die meisten Farne brauchen nicht viel mehr als Kühle und Schatten. Hier wurde ein Frauenfarn (*Athyrium filix-femina*) gewählt, der die Szenerie schon bald beherrscht.

③ 1 Akeleiblättrige Wiesenraute (*Thalictrum aquilegiifolium* 'Album'). Die an eine Akelei erinnernde Pflanze unterscheidet sich von dieser durch die schön zerteilten Blätter und Wolken aus weißen Blüten.

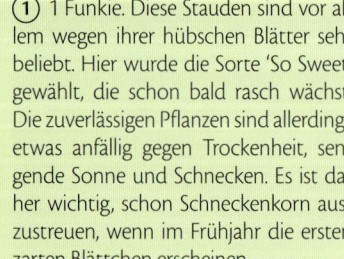

Grundlagen
Neu gepflanzte Beete pflegen S. 18
Porträts
Schildfarn S. 95
Funkie S. 86
Glossar
Blätter S. 102

Oktober — *Allgemeines*

Variationen mit bunten Blättern

Es gibt zahlreiche Pflanzen, die keine grünen Blätter haben, sondern gelbe, blaue, cremefarbene oder sogar rosa, purpurn oder silber gefärbte. Dadurch werden die Blüten oft noch betont, und es entsteht ein aufregendes Gesamtbild.

Porträts
Funkie S. 86
Glossar
Blätter S. 102

Welche Pflanzen?

Wenn Sie die Farbe Purpur mögen, bieten sich verschiedene Sorten des Purpurglöckchens geradezu an. *Heuchera* 'Palace Purple' ist ein sehr beliebter, attraktiver Klassiker mit kleinen, rosaweißen Blütenähren. Die Stern-Ligularie (*Ligularia dentata* 'Desdemona') hat große, runde, purpurne Blattoberseiten und blutrote Unterseiten.

Graue und silberfarbene Blätter findet man bei den meisten Sorten des Beifuß (*Artemisia*), der gern im Schatten anderer Pflanzen wächst. Die Sorte 'Powis Castle' ist insofern bemerkenswert, als

sie kompakte Stauden mit feingliedrigen Blättern bildet. Grundsätzlich sollte man wissen, dass behaarte Blätter anzeigen, dass die Pflanze es nicht zu feucht mag. Auch der Wollziest (*Stachys byzantina*) gedeiht unter diesen Bedingungen am besten und bildet dann sehr ansprechende Polster oder Teppiche.

Von den Funkien existieren etliche Sorten mit cremefarbenen, gelb gerandeten oder auch bläulichen Blättern.

Wie wird's gemacht?

Pflanzen mit bunten Blättern müssen ganz gezielt eingesetzt werden, um ihre volle Wirkung entfalten zu können. In schmalen Beeten schaffen sie Tiefe, und sie eignen sich bestens für Übergänge zwischen zwei kräftigen Farben. Darüber hinaus sind sie auch noch ausdauernder als jene, die auf eine üppigere Blüte hin gezüchtet wurden, und können als Anzeiger für den Verlauf der Jahreszeiten dienen.

Der Blumengarten im Herbst

Der Blumengarten im Herbst

November *Beispiele*   **ZUBEHÖR:** ein Spaten, eine Pflanzschaufel und eine Gießkanne

20 Euro pro Strauch
10 bis 15 Euro pro Rose
3 bis 4 Euro pro Staude

Die Schönheit des Herbstes

Glauben Sie ja nicht, der November sei ein trister Monat. Als Beweis kann nebenstehendes Foto dienen, in dem die Farbenpracht der Blätter in der Nachsaison perfekt in Szene gesetzt wurde.

Welche Pflanzen?

① 1 Japanische Zierkirsche (*Prunus* 'Okame'). Dieser Baum hat eine hohe, schlanke Gestalt, früh erscheinende rosa Blüten und prächtige Blätter im Herbst.

② 1 Mahonie (*Mahonia* 'Winter Sun'). Die duftenden, gelben Blütenstände dieser Pflanze öffnen sich zwischen November und Februar über einer Fülle harter, tief geteilter Blätter.

③ 1 Rose (*Rosa rugosa*). Diese Art scheint unverwüstlich zu sein. Nachdem sie herrlich geblüht hat, verfärbt sich ihr Laub vor dem Abfallen noch schön gelb. Gleichzeitig erscheinen zudem noch leuchtend rote Hagebutten.

④ 1 Storchschnabel (*Geranium sanguineum*) mit rötlich glühendem Herbstlaub.

⑤ 3 Bergenien (*Bergenia* 'Pugsley Pin'). Diese Sorte ist für Herbstbeete besonders geeignet, denn sie hat zu dieser Zeit rote Blätter.

⑥ 1 Blaustrahl-Wiesenhafer (*Helictotrichon sempervirens*) vervollständigt die Farbkomposition.

Wie wird's gemacht?

1. Mischen Sie den Aushub beim Pflanzen mit Kompost und Dünger, und weichen Sie die Wurzeln in Wasser ein.
2. Setzen Sie die Zierkirsche und dann die Mahonie in den Hintergrund im Abstand von mindestens 2,50 m. Heben Sie dazu Pflanzlöcher von 60 cm Durchmesser und Tiefe aus.
3. Pflanzen Sie die Rose davor.
4. Der Vordergrund wird mit dem Storchschnabel, den 3 Bergenien und dem Blaustrahl-Wiesenhafer gestaltet, die alle ungefähr 40 cm voneinander entfernt stehen sollten. Diese Pflanzen gedeihen nur dann, wenn der Boden im Winter nicht zu feucht ist. Alle sind auch ausgezeichnet als Randbepflanzung an Kieswegen geeignet.

Und dann?

Sie haben mit dieser Komposition kaum Arbeit, vor allem dann nicht, wenn Sie den Boden gemulcht haben. Im Dezember können die Stauden bis auf den Grund zurückgeschnitten werden, und gegen Ende des Winters sollte auch die Rose kräftig gestutzt werden.

Grundlagen
Einpflanzen der Blumen S. 8
Sträucher pflanzen S. 12
Neu gepflanzte Beete pflegen S. 18
Glossar
Blätter S. 102

Der Blumengarten im Herbst

Der Blumengarten im Herbst

November — SOS

ZUBEHÖR: Winterfolie, Laub oder Bambusmatten

Sträucher vor Frost schützen

Besonders in Gegenden mit milden Wintern ist man schnell versucht, Gartenpflanzen die kalte Jahreszeit aus eigener Kraft überstehen zu lassen. Trotzdem kann Vorsicht auch hier nicht schaden, denn wer weiß schon, wie der Winter wird.

Exotische Pflanzen?
Wenn Sie frostempfindliche Pflanzen gesetzt haben, schützen Sie sie am besten, indem Sie sie in Plastikfolie oder Stroh- oder Bambusmatten verpacken, die um eingeschlagene Pfähle herumgespannt werden. Decken Sie anschließend noch den Fuß jeder Pflanze mit einer dicken Schicht Laub ab. Wird das Wetter zwischendurch wieder wärmer, muss der Schutz sorgfältig gelüftet werden, damit es nicht zu Fäulnis kommt. Zum Frühjahr hin wird das dann immer wichtiger.

Wann entfernen?
Lassen Sie den Schutz bis etwa Mitte Februar an Ort und Stelle, und richten Sie sich dann nach dem jeweiligen Wetter.

Mauern nutzen
Wenn Ihre Sträucher vor einer geschützten Mauer stehen, nutzen Sie diese zum Anbringen von Holzleisten, an denen Sie Ihre Winterfolie befestigen können. Wickeln Sie die Sträucher in mehrere Lagen ein. Denken Sie dabei auch an die besonders gefährdeten Wurzeln, und decken Sie diese ebenfalls gut ab.

Zweige verwenden
Nutzen Sie die alten Zweige anderer Pflanzen, etwa Fuchsien, Kapfuchsien und Losbaum, indem Sie sie noch nicht abschneiden, sondern zusammen mit Laub oder Stroh als schützende Abdeckung stehen lassen. Im März wird diese Abdeckung entfernt, und nun können Sie auch sämtliche Triebe abschneiden, damit es Platz für neue gibt.

Schützen Sie die Füße
Kleine Sträucher sind unter einem großen Haufen Laub bestens geschützt, bei größeren häufelt man die Blätter um den Fuß an.

Glossar
Frost S. 104

November — Im Handumdrehen

ZUBEHÖR: ein Spaten, eine Pflanzschaufel und eine Gießkanne

Bodendecker setzen

Diese Pflanzen sind überaus nützlich, wenn es um große Flächen geht, die nicht dem Unkraut überlassen werden sollen. Man kann sie aber auch benutzen, um einen Untergrund für höhere Pflanzen zu gestalten.

Welche Pflanzen?
Gute Bodendecker lassen nicht die kleinste freie Fläche ungenutzt und geben Unkraut so kaum eine Chance. Allerdings können sie dabei selbst zur Seuche werden, die es gilt, im Zaum zu halten. Hier ist vor allem das Johanniskraut (1) zu nennen, aber auch das Immergrün (2), das zahllose Ableger bildet, der Irische Efeu, die Elfenblume mit ihren herrlichen Blättern und die Taubnessel (3) oder die blühfreudige *Geranium macrorrhizum*.

Wie wird's gemacht?
1. Zunächst muss alles Unkraut aus dem Beet entfernt werden. Wenn nötig, verwenden Sie dazu ein Unkrautvernichtungsmittel mit dem Wirkstoff Glyphosat, das unerwünschte Pflanzen bis in die Wurzeln abtötet.
2. Graben Sie den Pflanzbereich einen Monat später um. Ist die Erde mager, reichern Sie sie mit Kompost und handelsüblichem Dünger an.
3. Weichen Sie die Wurzelballen aller Pflanzen in Wasser ein, und setzen Sie diese dann in Abständen von 20–50 cm ein (je nach Wuchsfreudigkeit).
4. Anschließend wird angedrückt und angegossen.

Und dann?
Wässern Sie regelmäßig und entfernen Sie neues Unkraut, bis sich die Pflanzen erholt haben und beginnen, einen dichten Teppich zu bilden.

Gut zu wissen
Durch Mulchen können Sie sich einen großen Teil des Unkrautjätens ersparen. Je weiter sich die Bodendecker ausbreiten, desto mehr kann man die Bodenabdeckung dann zurücknehmen.

Grundlagen
Neu gepflanzte Beete pflegen S. 18
Glossar
Bodendecker S. 102
Unkraut S. 111

Der Blumengarten im Herbst 59

KALENDER

Der Blumengarten im

Dezember

Pflanzen	Bäume, Sträucher, Kletterpflanzen, Rosen und Stauden sowie Heide Frühjahrsblüher
Vermehren	Sträucher und Rosen
Pflege	Neue Beete
Wässern	
Schnitt	Räumen Sie letztmalig in den Beeten auf.
Aufpassen	
Düngen	
Sonstiges	Sorgen Sie für den Schutz der frostempfindlicheren Pflanzen. Mulchen Sie die Beete.

Zu beachten

→ Warten Sie, bis sich der Boden etwas erwärmt hat, um neue winterharte, immergrüne Bäume und Sträucher wie Magnolien zu pflanzen.

→ Wässern Sie nicht, wenn Frost zu erwarten ist. Behalten Sie aber in besonders trockenen Wintern die Bodenfeuchtigkeit im Auge, besonders bei neuen Beeten.

→ Überprüfen Sie in Plastikfolie eingewickelte Pflanzen, und lüften Sie sie zur Vermeidung von Fäulnis bei wärmerem Wetter.

In Blüte

- Christrose
- Elefantengras
- Hyazinthe
- Krokus
- Primel
- Schneeglöckchen
- Seidelbast
- Stiefmütterchen und Veilchen
- Winterheide
- Zaubernuss

Winter

Januar	Februar
Rosen, Bäume und sommergrüne Sträucher außerhalb von Frostperioden. Pflanzen Sie jetzt Winterheide.	Bäume, Sträucher, Rosen, Stauden und zweijährige Beetpflanzen außerhalb von Frostperioden
Beenden Sie die Aufräumarbeiten in den Beeten.	
Neue Beete, sofern es nicht friert	Neu gepflanzte Beete
Beschneiden Sie Bäume, Sträucher und Rosen. Stauden und Gräser werden bis auf den Boden zurückgeschnitten.	Beschneiden Sie sommergrüne Bäume und Sträucher sowie die Rosen.
Verschließen Sie Wunden an Ästen und Stämmen mit Baumwachs.	
	Bäume, Sträucher, Rosen und Stauden
Überprüfen Sie die Standfestigkeit von Spalierwänden. Fegen Sie Schnee von den Ästen ab. Entfernen Sie beschädigte Blüten von Christrosen und Bergenien.	Verteilen Sie ein Unkrautvernichtungsmittel um die Rosen. Fegen Sie den Schnee von den Ästen.

Der Blumengarten im Winter

Dezember — *Allgemeines*

20 bis 30 Euro pro Strauch

Buchsbaum-Topiari

Der Buchsbaum ist ein überaus anpassungsfähiger Strauch, der sich bestens für die Kultur im Garten und zum Formschnitt eignet.

Welche Form?

Der Gewöhnliche Buchsbaum (*Buxus sempervirens*) ist ein nicht allzu schnellwüchsiger, immergrüner Strauch, der innerhalb weniger Jahre bis 2 m Höhe erreichen kann. Mit seinen kleinen grünen oder gelb panaschierten Blättern ist er

zu jeder Jahreszeit dekorativ. Man kann ihn einfach zu geometrischen Figuren wie Würfel, Zylinder, Kugeln oder Kegel zurechtschneiden und so zur Dekoration von Beeten oder als End- und Eckpunkte verwenden. Die Sorte 'Suffruticosa' zeichnet sich durch besonders kleine Blätter aus, und die Triebe wachsen nur etwa 10 cm pro Jahr, selbst bei älteren Pflanzen.

Wie wird's gemacht?

Am einfachsten ist der Formschnitt bei einer bereits etwas größeren Pflanze, der man sofort die gewünschte Form geben kann. Solche Exemplare sind allerdings auch teurer. Daher wird man meistens mit einer kleinen Pflanze beginnen und diese geduldig über die Jahre hinweg gestalten. Damit sie so schnell wie möglich wächst, setzt man sie an einen sonnigen oder schattigen Standort in eine nährstoffreiche, mit Kompost angereicherte Erde ohne Staunässe. Die beste Zeit dafür ist im September/Oktober oder März/April.

Und dann?

Eine Handvoll Rasendünger gegen Ende des Winters und erneut im Juni lässt den Buchsbaum besser wachsen. Im April und August widmen Sie sich schrittweise dem Formschnitt. Als Werkzeug braucht man eine gute Heckenschere oder bei großen bzw. vielen Exemplaren auch einen Heckentrimmer mit Motor.

Grundlagen
Sträucher pflanzen S. 12
Porträts
Buchsbaum S. 76
Glossar
Pflanzenschnitt S. 108
Topiari S. 110

Dezember — SOS

ZUBEHÖR: eine Gartenschere

5' pro Pflanze

Pflanzen vor dem Winter beseitigen?

Es gibt verschiedene Ansichten, wie ein Garten im Winter aussehen sollte. Besonders ordentliche Menschen streben danach, sämtliche Pflanzen, die verwelkt oder beschädigt sind, und alle Blüten der vergangenen Saison zu beseitigen. Die Avantgardisten nutzen hingegen Raureif und die tief stehende Sonne auf den abgestorbenen Pflanzen für eine ganz besondere Szenerie.

Glossar
Pflanzenschnitt
S. 108

Es ist Ihre Entscheidung!

Die Feuchtigkeit im Herbst lässt viele Stauden erneut und zudem schnell austreiben, sodass eigentlich ständig zurückgeschnitten werden müsste. Man kann sich entweder auf diesen recht sinnlosen Kampf einlassen oder sich damit abfinden, dass Pflanzen nun einmal so sind, und daraus seinen Nutzen ziehen. Dazu bedarf es eigentlich nur der Erkenntnis, dass auch z.B. mit Raureif überzogene Doldenblütler und Elefantengras in der tief stehenden Sonne, deren Licht sich ständig verändert, überaus hübsch aussehen können.

Welche Pflanzen?

Besonders schöne Silhouetten bilden Korbblütler wie die Schafgarbe, aber auch andere Pflanzen mit etwas ungewöhnlicherem Aussehen, beispielsweise die Bergminze mit ihren langen, aufrechten Blütenstängeln, die Prachtspiere mit ihren feinen Blütenrispen, die Silberkerze mit den spitz zulaufenden Blütentrauben oder die Blütenköpfe des Igelkopfs und Wasserdosts sowie die Fruchtstände der Edeldistel, die noch über Monate hinweg dekorativ bleiben. An den Blütenstängeln der Goldkolben sind jetzt auffällige Samenbüschel zu erkennen, und die Blütenähren der Perowskien verwandeln sich in luftige Bündel aus feinen silbrigen Zweigen, während die verschiedenen Königskerzen noch lange Zeit in ihrer aufrechten Habachtstellung stehen bleiben.

Der Blumengarten im Winter — 63

KALENDER

Der Blumengarten im Winter

Januar | *Im Handumdrehen* | **ZUBEHÖR:** eine Grabgabel, eine Harke, eine Pflanzschaufel und eine Gießkanne

  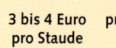

3 bis 4 Euro pro Staude — 1h pro m²

Winterheide pflanzen

Die zahlreichen Sorten der Schneeheide (Erica carnea) oder Englischen Heide (E. x darleyensis) sind für Gärtner vor allem deswegen interessant, weil sie im Winter blühen. Einmal angepflanzt ist ihre Pflege sehr einfach und überaus lohnend.

Diese Heidekräuter haben gegenüber ihren im Sommer oder Herbst blühenden Verwandten den großen Vorteil, dass sie auch auf leicht kalkhaltigen Böden wachsen. Wichtig ist aber ein sonniger Standort mit feuchtem, weichem und lockerem Boden.

Wie wird's gemacht?

1. Entfernen Sie sorgfältig alles Unkraut, weil dieses das Wachstum der neuen Heidekräuter beeinträchtigt.
2. Graben Sie den gesamten Pflanzbereich um, mischen Sie die Aushuberde gründlich mit Kompost und Torf zu gleichen Teilen (jeweils rund 25 Liter pro 5 m²), und harken Sie den Boden glatt.
3. Weichen Sie die Wurzelballen der Pflanzen 20 Minuten lang in Wasser ein.
4. Setzen Sie die Heide in Abständen von 40–50 cm.
5. Legen Sie nach dem Andrücken einen kleinen Gießring um jede Pflanze an.
6. Gießen Sie gut an.

Und dann?

Wässern Sie regelmäßig, bis sich die Pflanzen vollständig erholt haben. Nach dem Abblühen werden sie mit der Heckenschere um ungefähr 4–5 cm kugelförmig zurückgeschnitten, damit sie dicht bleiben und reichlich neue Blüten ansetzen. Ein Abdecken des Bodens mit Nadelbaum-Rindenmulch ist sinnvoll, vor allem in trockenen Sommern.

Gut zu wissen
Als Hintergrundpflanzen eignen sich ganz besonders Birken mit ihrem weißen Stamm, hohe Ziergräser in verschiedenen Farben, die das Gesamtbild natürlich wirken lassen.

Grundlagen
Sträucher pflanzen S. 12
Neu gepflanzte Beete pflegen S. 18
Porträts
Winterheide S. 81
Glossar
Boden S. 102

Januar — Allgemeines

Die ersten Frühblüher

Pflanzen, die bereits zu blühen beginnen, wenn der Rest des Gartens noch fest schläft, sind für den Gärtner die größte Freude.

Frühblühende Mahonien

Mit ihrem hohen Wuchs und den eleganten wirkenden Blättern sind diese Pflanzen die Aristokraten unter den im Winter blühenden Sträuchern. Am Ende der Zweige erscheinen schon während des Winters große Trauben aus kleinen, duftenden, gelben, glockenförmigen Blüten, denen auch Eis und Schnee wenig anha-

Grundlagen
Einpflanzen der Blumen S. 8
Neu gepflanzte Beete pflegen S. 18
Porträts
Christrose & Nieswurz S. 85

ben können. Man pflanzt Mahonien als Blickfang in den Hintergrund an eine windgeschützte Stelle in mit Kompost angereicherte Erde. Eine schöne Komposition ergibt sich, wenn man z. B. die Sorten 'Charity' oder 'Buckland' von *Mahonia* x *media* abwechselnd pflanzt.

Helleborus-Arten

In diese Gruppe gehören die Christrose (*Helleborus niger*) und die Orientalische Nieswurz (*H. orientalis*), die beide für die Verschönerung von Beeten im Winter unverzichtbar sind. Sie wachsen eher langsam, überdauern dafür aber etliche Jahre. Während *H. niger* zuerst blüht, dabei aber auf die Farbe Weiß beschränkt ist, existieren von *H. orientalis* zahlreiche Sorten in verschiedenen Farben und mit bunt gerandeten oder gefleckten Blüten. Man pflanzt sie am besten in den Halbschatten in eine weiche, mit Kompost untermischte Erde.

Chinesische Zaubernuss

Hamamelis mollis ist ein sehr dekorativer Strauch, der sauren Boden bevorzugt, sodass man ihn am besten in eine Mischung setzt, die Heideerde und Torf enthält. Die dünnen, riemenförmigen Kronblätter, die gelb, orangefarben oder rot gefärbt sein können, geben einen lieblichen Duft ab. Sie öffnen sich stets zu mehreren an den ansonsten noch blattlosen Zweigen, und die grünen, rundlichen Blätter nehmen zum Jahresende hin herrliche Herbstfarben in Gelb und Orange an. Zaubernussarten machen sich sehr gut über einem Teppich aus Winterheide, wobei die Sorte 'Pallida' besonders zu empfehlen ist.

Der Blumengarten im Winter

KALENDER

Der Blumengarten im Winter

Januar *Beispiele* **ZUBEHÖR:** eine Grabgabel, eine Pflanzschaufel und eine Gießkanne

20 Euro pro Strauch
3 bis 4 Euro pro Staude

Eine Wintersymphonie

Zu Füßen eines dekorativen Ahorns und vor dem Hintergrund einer makellos geschnittenen Hecke aus Leyland-Zypressen entfachen einige Sträucher im Morgenlicht ein wahres Feuerwerk der Farben.

Welche Pflanzen?

① 1 Scheinzypresse (*Chamaecyparis lawsoniana* 'Winston Churchill'). Diese hohe, schlanke Konifere hat goldgelbe Zweige, deren Spitzen anmutig herabhängen. Die Färbung wird durch den winterlichen Frost noch verstärkt.

② Schneeheide (*Erica carnea* 'Springwood White'; 6 Töpfchen). Die echten, nicht allzu hohen Winterblüher überziehen sich um diese Jahreszeit mit Tausenden kleiner weißer Glockenblüten. Die schnellwüchsigen Pflanzen werden dicht an dicht (etwa 30 cm Abstand) gesetzt, um einen buschigen Effekt zu erzielen.

③ 4 Tatarische Hartriegel (*Cornus alba* 'Sibirica') bilden eine schräge Linie zu den ersten beiden Pflanzen. Sie sind im Winter durch ihre kräftig roten Zweige ein hübscher Blickfang.

④ 1 Eibe (*Taxus baccata* 'Fastigiata Aurea'). Diese langsam wachsende Sorte der Europäischen Eibe verleiht dem Arrangement auf der gegenüberliegenden Seite mehr Struktur. Eiben mögen keine staunassen Böden, passen sich ansonsten aber gut an.

Grundlagen
Sträucher pflanzen S. 12
Neu gepflanzte Beete pflegen S. 18
Porträts
Winterheide S. 81

Wie wird's gemacht?

1. Weichen Sie alle Wurzelballen in Wasser ein. Während dieser Zeit können Sie die Pflanzlöcher ausheben, die jeweils zwei- bis dreimal so groß wie die Wurzelballen sein müssen. Versetzen Sie den Aushub mit Kompost und Dünger.
2. Hacken Sie den Boden der Pflanzlöcher auf, damit die Wurzeln der neuen Pflanzen gut eindringen können.
3. Setzen Sie die Hartriegel in Abständen von 1,80 bis 2 m, die Heidekräuter jedoch nur 30 cm voneinander entfernt. Die Scheinzypresse wird zum Schluss gepflanzt.
4. Drücken Sie die Erde an, und wässern Sie reichlich.

Und dann?

Setzen Sie das Gießen fort, bis sich alle Pflanzen völlig erholt haben. Schneiden Sie die Schneeheide nach ihrer Blüte zu einer Kugel zurück. Der Hartriegel muss nach Ende des Winters auf 20 cm über dem Boden eingekürzt werden, damit sich neue Verzweigungen bilden, die dann auch noch farbintensiver sind.

Der Blumengarten im Winter

Der Blumengarten im Winter

Februar SOS

Schnee und Eis

Es friert, und der gesamte Garten erstarrt. Was macht man als aufmerksamer Gärtner, wenn Schnee und Vereisung ein bedrohliches Ausmaß annehmen?

Schnee

Eigentlich ist Schnee für Pflanzen etwas Gutes, denn er schützt sie vor Frost. Der Grund dafür ist das dünne Luftkissen zwischen dem Schnee und dem Pflanzengewebe, das in der Regel eine Temperatur von knapp über 0°C aufweist. Allerdings kann Schnee jedoch auch gefährlich sein, weil er in größerer Menge oft so schwer wird, dass damit bedeckte Äste einfach abbrechen und Sträucher abknicken. Man sollte also darauf achten, dass nur eine dünne Schneeschicht vorhanden ist. Schnee enthält eine geringe Menge an Stickstoff, der vom Boden aufgenommen wird und so den Pflanzen zugute kommt. Kamelien reagieren empfindlich auf Schnee, weil dieser bei plötzlich sehr sonnigem Wetter einen Brennglaseffekt erzeugen kann. In solchen Fällen sollte er daher umgehend gefegt werden. Vermeiden Sie es, bei einer höheren Schneedecke unnötig im Garten herumzulaufen. Die Ränder der Beete sind dann nicht mehr zu erkennen, und selbst auf einer Grünfläche kann man dabei Schäden anrichten.

Frost

Frost ist eigentlich von Vorteil, denn er vernichtet große Mengen an Ungeziefer. Und wenn gefrorenes Wasser taut, versickert es nur langsam im Boden. Das kommt nicht nur den Pflanzen zugute, sondern sorgt außerdem für einen gut zu bearbeitenden, sauerstoffreichen Boden.

Eis

Auch Eis lässt durch sein Gewicht manchmal Äste abbrechen. Allerdings kann man dagegen nur recht wenig unternehmen. Außerdem sorgt überfrierende Nässe auf Gehwegen oft für eine erhöhte Unfallgefahr, der Sie dadurch begegnen sollten, dass Sie Sand streuen, aber kein Salz, weil sonst die Pflanzen geschädigt werden, wenn es mit dem Schmelzwasser in angrenzende Beete gelangt.

Glossar
Frost S. 104

Februar *Beispiele* — **ZUBEHÖR:** ein Spaten, eine Pflanzschaufel und eine Gießkanne

3 bis 4 Euro pro Staude
3 Euro für 15 kleine Zwiebeln

1h

Begleitpflanzen für Helleborus-Arten

Schon nach den ersten schönen Tagen erwacht die Natur, und einige Pflanzen bringen umgehend erste Blüten hervor. Besonders attraktiv sind dabei Helleborus-Arten, vor allem wenn sie von einer Vielzahl kleinerer Zwiebelpflanzen umringt sind.

Welche Pflanzen?
① 1 Orientalischer Nieswurz (*Helleborus orientalis*). Die viel später als die verwandte Christrose blühende Art ist deswegen keineswegs weniger spektakulär. Die Farbe der Blüten reicht von Rot bis Gelb und über beinahe alle Schattierungen dazwischen, außerdem bekommt man sie mit einfachen als auch gefüllten Blüten.

② Etwa 50 Exemplare vom Dalmatiner Krokus (*Crocus tommasiniatus*), die zahlreiche kleine, lavendelblaue Blüten hervorbringen, die scheinbar um die Wette aufgehen.

③ Rund 50 Winterlinge (*Eranthis hiemalis*). Diese Verwandte des Hahnenfußes besitzt kleine Knollen und bildet dichte Kolonien.

④ Etwa 50 Schneeglöckchen (*Galanthus nivalis*), auf die man sich im Vorfrühling immer verlassen kann.

Wie wird's gemacht?
1. Kaufen Sie kleine Zwiebeln in großer Menge, denn sie sollten nicht zu viel kosten. Setzen Sie sie schon Ende September/Oktober, damit sie nicht austrocknen und sich noch vor Winterbeginn einwurzeln können.
2. Pflanzen Sie sie mindestens doppelt so tief, wie die Zwiebeln hoch sind, damit sie den Winter gut überstehen und im nächsten Jahr kräftig austreiben können.
3. Ordnen Sie sie in Gruppen zu 20 oder 30 Exemplaren in einem großen Pflanzloch an, und drücken Sie die Erde anschließend gut fest.

Und dann?
Die Pflanzen treiben und vermehren sich ohne Ihr Zutun. Wenn Sie den Bestand dann einmal verkleinern müssen, graben Sie die Zwiebeln nach der Blüte einfach aus.

Grundlagen
Einpflanzen der Blumen S. 8
Sträucher pflanzen S. 12
Porträts
Christrose & Nieswurz S. 85
Krokus S. 80
Schneeglöckchen S. 83
Glossar
Zwiebel S. 113

Der Blumengarten im Winter

PORTRÄTS

Die schönsten Pflanzen für Ihre Blumenbeete

DER 50 PFLEGELEICHTESTEN GARTENBLUMEN

Aster, S. 74
Begonie, S. 75
Beifuß, S. 74
Blumenrohr, S. 77
Buchsbaum, S. 76
Chinaschilf, S. 92
Christrose, S. 85
Chrysantheme, S. 78
Dahlie, S. 80
Färberkamille, S. 73
Farn, S. 95
Fetthenne, S. 97
Fleißiges Lieschen, S. 88
Flockenblume, S. 78
Frauenmantel, S. 72

Fuchsie, S. 82
Funkie, S. 86
Gartenmargerite, S. 90
Glockenblume, S. 77
Herbstanemone, S. 72
Hornveilchen, S. 99
Hortensie, S. 87
Hyazinthe, S. 87
Kapuzinerkresse, S. 98
Katzenminze, S. 94
Krokus, S. 80
Lavendel, S. 89
Lilie, S. 90
Löwenmaul, S. 73
Lupine, S. 91

Mädchenauge, S. 79
Minze, S. 91
Mohn, S. 95
Narzisse, S. 93
Nieswurz, S. 85
Pfingstrose, S. 94
Prachtkerze, S. 83
Primel, S. 96
Ringelblume, S. 76
Rose, S. 96
Roseneibisch, S. 86
Schildfarn, 95
Schmuckkörbchen, S. 79
Schneeglöckchen, S. 83
Schwertlilie, S. 88

Sommerflieder, S. 75
Sonnenblume, S. 84
Sonnenhut, S. 97
Stiefmütterchen, S. 99
Storchschnabel, S. 84
Strauchmalve, S. 89
Studentenblume, S. 98
Taglilie, S. 85
Tränendes Herz, S. 81
Tulpe, S. 99
Vergissmeinnicht, S. 93
Winterheide, S. 81
Wolfsmilch, S. 82
Wunderblume, S. 92

Alchemilla mollis Weicher Frauenmantel

Dies ist ein Lückenfüller der Extraklasse, der mit seinem dichten, samtig behaarten Blättern auch den kleinsten Tropfen Morgentau festhält. Er eignet sich ausgezeichnet als Bodendecker und treibt eine Unzahl von kleinen, gelbgrünen Blüten an lockeren, stehenden Blütenständen.

Empfehlenswerte Art
Die Art *Alchemilla mollis* ist am häufigsten zu bekommen und wird gewöhnlich über Samen vermehrt.

Wie wird's gemacht?
Die Pflanze gedeiht in jeder guten Erde und sowohl an halbschattigen als auch sonnigen Standorten. Trotzdem sollte sie einmal jährlich gegen Ende des Winters etwas Kompost bekommen, damit sie ihren vollen Wuchs behält. Vorgezogene Pflänzchen setzt man im April oder Mai; größere Exemplare verpflanzt man im September.

Und dann?
Nach dem Abblühen kann die gesamte Pflanze bis auf den Grund zurückgeschnitten werden. Sie treibt dann schnell neu aus, eine zweite Blüte ist im Herbst möglich.

Gut zu wissen
Unter guten Bedingungen sät sich diese Pflanze allein aus (und vereinnahmt dadurch rasch ganze Beete). Auf diese Weise erhält man schnell große Bestände. Das geschieht natürlich nur, wenn die Pflanzen Samen bilden.

Geeignete Partner
Beispielsweise klassische Rosen, Zierlauch, Sibirische Schwertlilie

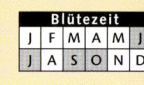

Halbschatten möglich

−20 °C

im Sommer einmal wöchentlich

45 cm

Anemone hupehensis Herbstanemone

Die auch als *A. japonica*-Hybriden bekannten Pflanzen gehören zu den besonders robusten und blühfreudigen Stauden. Mit ihren vielen weißen, rosa oder karmesinroten, einfachen oder gefüllten Blüten eignen sie sich hervorragend zum Bepflanzen von Herbstbeeten.

Empfehlenswerte Sorten
'Honorine Jobert' ist eine klassische, hochwüchsige Sorte mit weißen Blüten; 'Hadspen Abundance' bleibt kleiner und blüht rosa; 'Pamina' ist noch gedrungener und bildet gefüllte, dunkelrosa Blüten.

Wie wird's gemacht?
Setzen Sie die Pflanzen in humusreichen, durchlässigen Boden, und wässern Sie regelmäßig.

Und dann?
Einmal angewachsen, erweisen sich die Pflanzen als überaus widerstandsfähig und wuchern bisweilen regelrecht.

Gut zu wissen
Kaufen Sie vorgezogene Pflänzchen, nehmen Sie vorzugsweise solche mit gut entwickelten Wurzeln. Diese setzt man am besten im Herbst, da sie dann besser anwachsen.

Geeignete Partner
Salbeiarten wie *Salvia uliginosa*, *S. guaranitica* und *S. azurea* oder Knöterich, etwa *Aconogonum polystachyum*

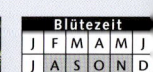

Halbschatten möglich

−20 °C

im Sommer einmal wöchentlich

45 cm – 1,50 m

Anthemis tinctoria Färberkamille

Mit ihrer Vielzahl hübscher, gelber Korbblüten heitern diese Pflanzen jedes Blumenbeet den ganzen Sommer über auf. Die tief eingeschnittenen Blätter, die grün oder grau sein können, sind ebenfalls sehr dekorativ.

Empfehlenswerte Sorten
Die gedrungene 'Sauce Hollandaise' hat hübsche gelbliche Blüten, während die der größeren 'E.C. Buxton' eher cremefarben sind. 'Grallagh Gold' blüht goldgelb.

Wie wird's gemacht?
Setzen Sie die Pflanzen im Frühjahr, wenn sich die Erde schon aufgewärmt hat. Der Boden sollte gut durchlässig und reich an Nährstoffen sein. Zu schwere Erde kann man durch die Zugabe von Kies auflockern. Sonne ist unbedingt erforderlich, Wind wird vertragen.

Und dann?
Schneiden Sie die Pflanzen, die den Winter gut überstehen, gegen Ende September zurück. Alle drei Jahre sollten sie verjüngt werden, damit sie auch weiterhin reichlich blühen. Welke Blüten werden entfernt.

Gut zu wissen
Die empfohlenen wuchsfreudigen und besonders attraktiven Sorten müssen über Stecklinge oder durch Teilung vermehrt werden.

Geeignete Partner
Kleine Rittersporarten wie *Delphinum grandiflorum var. chinensis*, Katzenminze oder auch Winterlinge

Antirrhinum majus Gartenlöwenmaul

Das Löwenmaul verdankt seinen Namen den bei seitlichem Druck aufklappenden Blüten. Es handelt sich um gute Schnittblumen mit einer langen Blütezeit, sie sind seit Urzeiten beliebte Gartenpflanzen. Während Großmutters Pflanzen noch hochwüchsig waren, sind die heutigen Sorten viel gedrungener und oft auch farbenprächtiger. Man pflanzt sie in Gruppen zwischen Stauden oder als Beeteinfassung.

Empfehlenswerte Sorten
'Tom Pouce' ist eine kleine Sorte für die Randbepflanzung, 'Précurseur' dagegen ein höherer Frühblüher mit großen Blütenständen in vielerlei Farben. Und auch 'Madame Butterfly' ist mit ihren großen, gefüllten Blüten in diversen Farben erhältlich.

Wie wird's gemacht?
Kultivieren Sie die Pflanzen als Einjährige, die vorgezogen im Frühjahr an einen sonnigen Platz gesetzt werden, und zwar in Erde, die mit Kompost und möglichst etwas Mist angereichert wurde. Kürzen Sie die Pflanzen ein, wenn sie noch jung sind, damit sie sich gut verzweigen.

Und dann?
Entfernen Sie welke Blüten, um die Pflanze zum erneuten Blühen anzuregen. Die Wurzelstöcke überstehen feuchte Winter und treiben im nächsten Frühjahr neu aus. Löwenmäuler sind anfällig für Rost und müssen sofort mit einem speziellen Produkt behandelt werden.

Alchemilla bis Antirrhinum

50 Gartenblumen

Artemisia spp. **Beifuß**

Die wegen ihrer fein zerteilten, silbrigen Blätter geschätzte Gewürzpflanze ist eine Bereicherung für jedes Blumenbeet. Dort kann man sie zur Abschwächung starker Kontraste verwenden.

Empfehlenswerte Arten und Sorten
'Powis Castle' ist ein schnellwüchsiger, sich leicht im Wind wiegender Halbstrauch, der sich oft durch Ableger ausbreitet. *Artemisia ludoviciana var. latiloba* hat fast weiße Blätter; *A. stelleriana* ist eine der kleinsten Arten, die sehr schöne silbrige Teppiche bildet.

Wie wird's gemacht?
Suchen Sie dafür eine warme, sonnige Stelle mit gut durchlässigem Boden aus. Trockenheit vertragen die Pflanzen gut.

Und dann?
Düngen Sie im März. Entfernen Sie Blüten noch vor dem Aufgehen, damit die Pflanzen ihre kompakte Form behalten. Schneiden Sie die Blätter zu Beginn des Herbstes ab.

Gut zu wissen
Vorsicht ist bei stark wuchernden Arten wie *Artemisia pontica* geboten, die schnell zu einer Plage werden können.

Geeignete Partner
Die Montbretie 'Lucifer' mit ihren korallenroten Blüten oder große, schlanke, blaue Glockenblumen

Blütezeit: J F M A M J J A S O N D
– 15 °C
nicht nötig
20–70 cm

Aster spp. **Aster**

Diese für Herbstbeete unverzichtbaren Dauerbrenner sind sehr einfach zu ziehen, und belohnen Sie mit einer reichen Blüte in kräftigen Farben.

Empfehlenswerte Arten und Sorten
Unter den Sorten von *Aster novae-angliae* ist 'Purple Dome' eine kleinwüchsige, dunkelblütige Form von nur 30 cm Höhe; 'Alma Pötschke' blüht kirschrot und wird 1,20 m hoch; 'Herbstschnee' ist weiß und kann ebenfalls 1,20 m hoch werden, ebenso wie 'Constance', die violett blüht. Bei *A. novi-belgii* ist die 1 m hoch werdende 'Fellowship' mit hellrosa Blüten zu empfehlen; gleichermaßen lohnend sind *A. pringlei* 'Monte Cassino' mit 1,20 m Höhe und wunderbaren weißen Blüten oder die kleine, rötlich blühende 'Alice Haslam', die zur Art *A. dumosus* gehört.

Wie wird's gemacht?
Wählen Sie nicht zu trockene Stellen mit gutem Boden aus.

Und dann?
Schneiden Sie die Pflanzen nach der Blüte vollständig ab. Ein Rückschnitt im Juni garantiert eine lange Blütezeit.

Gut zu wissen
Im Gegensatz zu den Sorten von *Aster novi-belgii* sind jene von *A. novae-angliae* kaum anfällig für Echten Mehltau und überstehen auch Trockenheit besser.

Geeignete Partner
Ziergräser wie *Miscanthus*, *Deschampsia* oder *Panicum*, Salbei (*Salvia uliginosa*) oder Kerzen-Wiesenknöterich (*Bistorta amplexicaule*)

Blütezeit: J F M A M J J A S O N D
– 25 °C
im Sommer einmal wöchentlich
30 cm–1,50 m

Begonia ssp. **Begonie**

Die im Sommer unermüdlich blühenden Begonien waren schon zu Großmutters Zeiten beliebte Farbtupfer für den Halbschatten oder den Vordergrund von Blumenbeeten.

Empfehlenswerte Arten und Sorten
Anstelle einjähriger Beetbegonien sollte man eher Knollenbegonien mit ihren größeren Blüten nehmen, etwa *Begonia x tuberhybrida* 'Picotée' mit kamelienartigen Blüten oder hängende Sorten wie 'Bertini' mit einfachen, kräftig roten Blüten und purpurfarbenen Blättern. Die neue 'Dragon Wing' in Rosa oder Rot erreicht eine imposante Höhe (bis 1,20 m) und hat sich als erstaunlich robust erwiesen. Bringt man sie im Herbst ins Haus, blüht sie dort weiter.

Wie wird's gemacht?
Pflanzen Sie in lockere Blumenerde, wässern Sie häufig. In feuchtem Boden vertragen die Pflanzen auch Vollsonne.

Und dann?
Exemplare im Topf müssen vor dem ersten Frost ins Haus. Bei ausgepflanzten Exemplaren werden die Knollen ausgegraben und über Winter trocken und frostsicher gelagert.

Gut zu wissen
Begonia grandis ist widerstandsfähig genug, um an sehr geschützten Standorten milde Winter draußen zu überstehen. Die Art bildet Brutknöllchen, mit denen man sie vermehren kann. Die sehr schöne Pflanze mit roten Blattunterseiten blüht spät in Rosa oder Weiß.

Geeignete Partner
Lobelien oder Fleißiges Lieschen

Halbschatten möglich

0 °C

im Sommer zweimal wöchentlich

30 cm – 1,20 m

Buddleia davidii **Sommerflieder**

Diese pflegeleichten Sträucher verdienen mit ihren zahlreichen, dichten, duftenden Blütenständen, die im Sommer gebildet werden, einen besonderen Platz. Man setzt sie am besten in den Beethintergrund.

Empfehlenswerte Sorten
'Lochinch' erreicht 2,50 m Höhe und hat gräuliche Blüten an blauvioletten Blütenstielen. Für den kleineren Garten sind die schlankeren Formen mit nur etwa 2 m Höhe aus der 'Nanho'-Gruppe in Blau oder Purpur zu empfehlen. 'Pink Delight' bildet große Blütenstände aus lebhaft rosa Blüten über Blättern mit silbrigem Glanz.

Wie wird's gemacht?
Die Pflanzen gedeihen ohne weiteres Zutun in jeder guten Gartenerde, vor allem in der Sonne. Lediglich die welken Blüten sollte man entfernen.

Und dann?
Schneiden Sie im März die Büsche großzügig bis auf 10 cm oberhalb einer Gabelung zurück, denn die Blüten erscheinen nur an neuen Trieben.

Gut zu wissen
Buddleia-Arten sind Pionierpflanzen, die sich selbst auf Bauschutt und an Bahndämmen in städtischen Bereichen ansiedeln und durch ihre Samen weiter verbreiten.

Geeignete Partner
Gartenhibiskus oder Perowskien

Halbschatten möglich

–15 °C

im Sommer alle zwei Wochen

2–6 m

Artemisia bis Buddleia 75

Buxus sempervirens Buchsbaum

Dieser Strauch eignet sich bestens für Formschnitte, wie sie vor allem in Gärten, die nach französischem Vorbild gestaltet wurden, sehr beliebt sind. Der Fantasie sind hierbei nahezu keine Grenzen gesetzt, und Fehler wachsen sich im Laufe der Zeit wieder aus. Als Topiari (Kugeln, Kegel, Würfel etc.) zurechtgeschnitten, sind Buchsbäume wertvolle Gestaltungselemente.

Empfehlenswerte Sorten
Es gibt neben grünblättrigen Sorten auch solche mit cremefarben gesäumten Blättern wie 'Argentea' oder gelbem Rand wie 'Elegans'.

Wie wird's gemacht?
Die beste Pflanzzeit ist August/September. Verwenden Sie gute Gartenerde, die auch kalkhaltig sein darf, aber durchlässig sein muss und etwas Kompost enthalten sollte.

Und dann?
Geschnitten wird zweimal im Jahr in den beiden Monaten April und August. Dazu nimmt man eine Heckenschere und wählt einen bewölkten oder regnerischen Tag. Einmal jährlich den Boden mit Kompost aufbessern.

Gut zu wissen
Buxus sempervirens wächst sehr schnell und kann schon nach zwei Jahren bis 2 m groß sein. Die Sorte 'Suffruticosa' hat besonders kleine Blätter, wächst aber langsamer. Daher ist sie ideal für Beeteinfassungen. Sie sollte allerdings nicht von größeren Stauden überragt werden.

Halbschatten und Schatten möglich

– 10 °C

nicht nötig

2 m

Calendula officinalis Gartenringelblume

Diese robuste Einjährige lässt sich normalerweise gut aus Samen ziehen und bringt eine Fülle einfacher oder gefüllter Korbblüten in Gelb und Orange hervor, die sich sowohl im Beet als auch in einem Schnittblumenstrauß gut machen. Kleinere Sorten finden vor allem als Randbepflanzung Verwendung, die anderen sorgen für gezielte Farbtupfer zwischen Stauden oder in saisonalen Kompositionen.

Empfehlenswerte Sorten
'Kablouna' wird 60 cm hoch und hat große, verschiedenfarbige Korbblüten; bei 'Fiesta Gitana' handelt es sich um eine kleine, kompakte Sorte mit gefüllten Blüten, während 'Prince Indien' hochwüchsig mit großen, leuchtend orangefarbenen Blüten ist.

Wie wird's gemacht?
Samen sind preiswerter als vorgezogene Pflänzchen. Säen Sie diese an sonnigen Stellen mit gut durchlässigem Boden aus. Die Pflanze breitet sich durch Selbstaussaat aus und muss dann kontrolliert werden. Das Ausdünnen der Bestände ist aber auch nötig, um die kompakte Form zu erhalten.

Und dann?
Lassen Sie den Pflanzen einfach freien Lauf, oder zupfen Sie welke Blüten ab, damit neue gebildet werden.

Geeignete Partner
Salbei mit blauen Blättern oder kleine Ritterspornpflanzen bilden einen schönen Kontrast.

Blütezeit
J F M A M J
J A S O N D

– 5 °C

im Sommer alle zwei Wochen

35–50 cm

50 Gartenblumen

Campanula poscharskyana Polsterglockenblume

Die kleinen Pflanzen haben eine lange Blütezeit, wobei die zahlreichen Blüten, die aussehen wie kleine, bunte Sterne, ein regelrechtes Feuerwerk bieten. Man verwendet die Pflanze für die Gestaltung des Beetvordergrundes oder als Bodendecker, für den Steingarten oder als Wegbegrenzung.

Empfehlenswerte Sorten
'Stella' zeichnet sich durch purpurne Blätter und unzählige, leuchtend blaue Blüten aus; 'Lisduggan Variety' hat dagegen zart lavendelrosa Blütenblätter.

Wie wird's gemacht?
In weiche, gut durchlässige Erde pflanzen. Man benötigt etwa sechs Pflanzen, um 1 m² Boden abzudecken.

Und dann?
Schneiden Sie die gesamte Pflanze nach dem ersten Blühen ab. So blüht sie gegen Ende des Sommers erneut.

Gut zu wissen
Setzen Sie diese Pflanzen nicht direkt an den Rand von Rasenflächen, denn durch ihren ausladenden Wuchs stört sie beim Rasenmähen und nimmt dem Gras an solchen Stellen das Licht. Werden die Blumen später dann abgeschnitten, treten unansehnliche, kahle Stellen am Rand der Grünfläche zutage.

Geeignete Partner
Rosa glauca oder *Erigeron karvinskianus*

 Halbschatten möglich
 −20 °C
 im Sommer alle zwei Wochen
 15–45 cm

Canna-Hybriden Blumenrohr

Mit ihrem exotischen Aussehen und ihrer Anspruchslosigkeit sind sie prädestiniert, den Mittelpunkt eines Sommerbeetes zu bilden. Die hochwüchsigen Sorten eignen sich gut als Sichtschutz oder um Mauerwerk zu verdecken.

Empfehlenswerte Sorten
'Tropicanna' hat bronzefarbene Blätter und große orangefarbene Blüten; 'Lucifer' bildet rote Blüten mit goldfarbenem Rand und erreicht nur 60 cm Höhe; 'Panach' blüht in Orange, hat grüne, gelbadrige Blätter und wird 1,20 m hoch; 'Assaut' erreicht 1,10 m Höhe und ist ein Klassiker mit purpurnen Blättern und knallroten Blüten.

Wie wird's gemacht?
Blumenrohr benötigt lockeren Boden, der mit viel Kompost oder trockenem Mist versetzt wurde. Im Sommer muss gut gewässert werden.

Und dann?
Die Knollen müssen ausgegraben und frostsicher und trocken gelagert werden. Ende April können sie dann wieder in die Erde.

Gut zu wissen
Einige botanische Arten mit sehr kleinen, aber leuchtend gefärbten Blüten wachsen in wärmeren Regionen wild und bilden dort oft große Bestände. Sie kommen aber kaum in den Handel und sind meistens nur über private Kontakte zu bekommen.

Geeignete Partner
Dahlien oder Ziertabak

 Halbschatten möglich
 −2 °C
 im Sommer zweimal wöchentlich
 60 cm–1,80 m

Buxus bis Canna

Centaurea ssp. **Flockenblume**

Die an Kornblumen erinnernden Flockenblumen brauchen nur sehr wenig Aufmerksamkeit, um dichte, reich blühende Bestände zu bilden. Daher eignen sie sich zur Verschönerung hässlicher Stellen oder Böschungen im Garten. Außerdem sind es gute Schnittblumen.

Empfehlenswerte Arten und Sorten
Centaurea montana bildet von Mai bis Juli sehr große, blaue Blüten; *C. hypoleuca* 'John Coutts' ist ebenso wuchsfreudig, hat aber eingeschnittene Blätter mit grauer Unterseite und große, dunkelrosa Blüten mit weißer Mitte, die von Juli bis Oktober erscheinen.

Wie wird's gemacht?
Die recht anspruchslosen Pflanzen gedeihen in jeder guten Gartenerde und sogar in eher magerem Boden, solange dieser nur ausreichend durchlässig ist. Bei feuchtem Untergrund empfiehlt es sich daher, die Drainage durch Mischen der Erde mit Bausand oder Kies zu verbessern. Bei Böschungen ist das im Allgemeinen weder nötig noch ratsam. Man braucht etwa 4 Pflanzen, um einen Quadratmeter Bodenfläche blickdicht abzudecken.

Und dann?
Das regelmäßige Entfernen welker Blüten führt zu einer längeren Blütezeit.

Gut zu wissen
Die Pflanzen sind kaum anfällig für Krankheiten. Im Laufe der Zeit breiten sie sich oft sehr stark aus.

−25 °C

im Sommer alle zwei Wochen

50 cm

Chrysanthemum-Hybriden **Chrysantheme**

Diese auch Herbstastern oder Wucherblumen genannten sehr robusten Gartenpflanzen erfreuen sich dank ihrer erstaunlichen Farbenvielfalt und einer Blüte, die sich bis in den November erstreckt, größter Beliebtheit.

Empfehlenswerte Sorten
'Anne Lady Brockett' hat rosa, aprikosen- und lachsfarbene Blüten und erreicht 70 cm Höhe; 'Bronze Elegance' bildet kleine, gefüllte Blüten, 'Natyderry Sunshine' ist anderthalbfach gefüllt und goldgelb, während 'Emperor of China' ein purpurblättriger Klassiker mit anderthalbfach gefüllten Blüten und fransigen rosa Kronblättern ist.

Wie wird's gemacht?
Setzen Sie die Pflanzen im Frühjahr an eine sonnige Stelle mit durchlässiger Erde. Schneiden Sie zu hohe Exemplare Anfang Juli herunter, und teilen Sie die Pflanzen häufiger.

Und dann?
Im Winter müssen die Wurzelstöcke vorsichtshalber durch Abdecken mit einer luftdurchlässigen Mulchschicht, z. B. Nadelstreu, geschützt werden.

Gut zu wissen
Die wuchsfreudigen Chrysanthemen bilden schnell hübsche Büsche, die jedoch regelmäßig alle zwei Jahre durch Teilung oder über Stecklinge verjüngt werden müssen.

Geeignete Partner
Astern, Königskerzen, Silberkerzen und Ziergräser

−7–10 °C

im Sommer einmal wöchentlich

60 cm – 1 m

Coreopsis spp. **Mädchenauge**

Die rasch wüchsigen Pflanzen bilden mehrere Monate lang zahlreiche gelbe Blüten. Man setzt sie vorzugsweise an sonnige Standorte, wobei sich die Zwergsorten auch als Randbepflanzung eignen.

Empfehlenswerte Arten und Sorten
Coreopsis verticillata 'Moonbeam' erreicht 45 cm Höhe und hat schmale Blätter und hellgelbe Sternblüten; 'Grandiflora' wird 80 cm hoch und bildet große Blüten; *C. grandiflora* 'Sunray' besitzt anderthalbfach gefüllte, gelbe Blüten; 'Mayfield Giant' wird 80 cm hoch und bildet einfache, goldgelbe Blüten. 'Lichstadt' erreicht lediglich eine Höhe von 25 cm, die einfachen Blüten sind gelb mit brauner Mitte.

Wie wird's gemacht?
Setzen Sie die Pflanzen im Frühjahr in eine gut durchlässige Erde an einen warmen, auch vollsonnigen Standort. Feuchte Winter überstehen die Pflanzen oft nicht.

Und dann?
Das Entfernen welker Blüten führt zu einer längeren und volleren Farbenpracht.

Gut zu wissen
Die dankbaren Pflanzen breiten sich schnell aus. Ende September kann man sie komplett abschneiden, und alle drei Jahre sollte man sie ersetzen.

Geeignete Partner
Katzenminze und Rittersporn

−10 °C
im Sommer alle zwei Wochen

30–80 cm

Cosmos bipinnatus, C sulphureus **Schmuckkörbchen**

Schmuckkörbchen bilden fast ohne Unterlass einfach oder anderthalbfach gefüllte, rosa, weiße oder purpurne Blüten; es gibt sie aber auch in Gelb, Rot oder Orange.

Empfehlenswerte Arten und Sorten
Unter den Sorten von *Cosmos bipinnatus* mit fein zerteilten Blättern bringt die etwa 50 cm hohe 'Vega' große weiße oder rosa Blüten hervor; 'Sea Shells' hat elegante röhrenförmige Kronblätter; bei der 80 cm hohen 'Psyche' sind die Blüten anderthalbfach gefüllt. *C. sulphureus* wird vor allem in warmen Farben angeboten: 'Cosmic' kann 30 cm hoch werden und blüht goldgelb oder orange, die leuchtend orangefarbene 'Sunset' erreicht eine Höhe 60 cm.

Wie wird's gemacht?
Säen Sie die Pflanzen ab Mitte April direkt an einem sonnigen Standort aus. Nach dem Auskeimen müssen die Pflänzchen ausgedünnt werden. Dabei werden die schwächsten entfernt, sodass die übrigen einen Abstand von 30–50 cm haben (je nach zu erwartender Wuchshöhe).

Und dann?
Sie können gegen Ende des Sommers die Samen ernten und im nächsten Frühjahr zum Aussäen verwenden.

Gut zu wissen
Die Sorten von *Cosmos sulphureus* brauchen mehr Wärme zum Keimen und Wachsen. An günstigen Stellen breitet sich *C. bipinnatus* durch Selbstaussaat aus.

0 °C
im Sommer einmal wöchentlich

50 cm–1,30 m

Centaurea bis Cosmos

Crocus vernus Frühlingskrokus

Die Frühlingsboten mit den seidigen Blüten schießen schon an den ersten wärmeren Tagen aus dem Boden und entfalten sich dann in der Sonne. Man kann sie in Steingärten, an gepflasterten Wegen oder als Randbepflanzungen von Beeten verwenden. Sie können aber auch einfach in Rasenflächen gesetzt werden.

Empfehlenswerte Sorten
Die großblütigen Sorten sind ohne Zweifel die spektakulärsten Vertreter: 'Jeanne d'Arc' hat reinweiße Blüten, 'Pickwick' silbrige mit violetten Streifen und 'Flower Record' dunkelblaue.

Wie wird's gemacht?
Setzen Sie die Zwiebeln in gut durchlässigen Boden in die Sonne. Am besten legen Sie drei bis fünf der Knollen in ein Pflanzloch.

Und dann?
Lassen Sie die Pflanzen sich selbst ausbreiten. Diese Bestände können Sie nach ein paar Jahren bei Bedarf dann direkt nach der Blüte aufteilen. Größere Flächen, die ausschließlich und dicht mit blühenden Krokussen übersät sind, bieten ein ganz besonderes Schauspiel.

−25 °C

nicht nötig

10–20 cm

Gut zu wissen
Zu feuchte Erde führt zum Verfaulen der Knollen, und im Schatten verkümmern die Pflanzen. Die gelb blühenden Sorten werden oft von Vögeln zerpickt.

Dahlia-Hybriden Dahlie

Dahlien blühen den gesamten Sommer bis zum ersten Frost in den unterschiedlichsten Farben. Sie lassen sich gut mit Stauden oder Einjährigen kombinieren.

Empfehlenswerte Sorten
'Bishop of Llandaff' wird 80 cm hoch, hat tief eingeschnittene, fast schwarze Blätter; 'Jescot Julie' erreicht 1 m Höhe und bringt orchideenartige Blüten in Orange hervor; die 1,40 m hohe 'Emory Paul' hat große weinrote Blüten; 'Akita' wird 1 m hoch und bildet chrysanthemenartige, gelbe bis bräunliche Blüten. Die 1,20 m hohe 'Wooton Cupid' produziert auffällige Blütenköpfe in Zartrosa, und die ähnlich große 'Mizou Noir' bringt kaktusähnliche, rote Blüten mit schwarzer Mitte hervor.

Wie wird's gemacht?
Pflanzen Sie die Knollen gegen Ende April in mit organischem Material angereicherten Boden, der die Feuchtigkeit gut hält.

Und dann?
Die höheren Sorten müssen abgestützt werden. Durch gezieltes Entfernen einiger Knospen bringen die übrigen größere Blüten hervor. Welke Blüten regelmäßig entfernen. Mulchen mit Rasenschnitt hilft, die Bodenfeuchtigkeit zu halten, trotzdem regelmäßig gießen.

0 °C

im Sommer zweimal wöchentlich

30 cm–1,40 m

Gut zu wissen
An klimatisch besonders günstigen Standorten kann man die Knollen im Winter draußen lassen. Die Stöcke sollten alle zwei Jahre geteilt werden.

Dicentra spectabilis Tränendes Herz

Diese Stauden sehen mit ihren langen, zarten, hängenden, ein wenig seltsam anmutenden Blüten etwas zerbrechlich aus, sind aber tatsächlich ausgesprochen robust.

Empfehlenswerte Sorten
Neben den klassischen Sorten in Rosa und Weiß ist die weißblütige 'Alba' mit ihren tief eingeschnittenen Blättern besonders zu beachten; die rot blühende 'Bacchanal' eignet sich gut als Bodendecker.

Wie wird's gemacht?
Setzen Sie vorgezogene Pflänzchen im Frühjahr an eine halbschattige, vor starkem Wind geschützte Stelle. Die Erde sollte locker, nährstoffhaltig und gut durchlässig sein.

Und dann?
Wenn Sie den Boden den Sommer über immer feucht halten, wird die Pflanze ihre Blätter behalten. Andernfalls legt sie eine Ruhephase ein und kommt später wieder.

Gut zu wissen
Wegen ihrer feinen Wurzeln lassen sich die Pflanzen nicht besonders gut umsetzen. Man lässt sie daher am besten an ihrem Platz und versorgt sie regelmäßig mit einer Lage aus organischem Dünger rund um den Fuß.

Geeignete Partner
Farne und Schatten liebende Ziergräser oder auch im Frühjahr blühende Zwiebelpflanzen wie Blaustern, *Erythronium* oder *Anemone blanda*

– 18 °C · im Sommer einmal wöchentlich · 60 cm

Erica carnea und *E. x darleyensis* Winterheide

Die für einen auch im Winter mit Blüten geschmückten Garten unverzichtbare Schneeheide und Englische Heide benötigen ebenso wie ihre im Sommer und Herbst blühenden Verwandten sauren Boden. Daher kombiniert man sie am besten mit Pflanzen, die ähnliche Ansprüche haben. In ein Beet gepflanzt, bieten diese beiden Stauden ein farbenfrohes, natürliches Bild.

Empfehlenswerte Sorten
'Kramer's Rote' hat dunkelrote, der Klassiker 'Silberschmelze' reinweiße und 'Winter Beauty' kräftig rosafarbene Blüten.

Wie wird's gemacht?
Die Pflanzen mögen gut durchlässige, im Sommer etwas feuchte Böden. Bei ton- oder lehmhaltiger Erde sollte diese vor dem Setzen mit Torf und Kompost gemischt werden. Pflanzen Sie im Abstand von 40–50 cm zueinander.

Und dann?
Entfernen Sie welke Blüten am besten gleich mit der Heckenschere, damit die Pflanzen kompakt bleiben und reich blühen.

Gut zu wissen
Durch Auswahl geeigneter Sorten kann man sich praktisch das ganze Jahr über an blühenden Heidekräutern erfreuen. Allerdings sind die im Winter blühenden Pflanzen aus verständlichen Gründen besonders begehrt.

Geeignete Partner
Azaleen und Rhododendren, aber auch Hängebirken

Halbschatten möglich · –25 °C · im Sommer alle zwei Wochen · 30–40 cm

Crocus bis Erica   81

Euphorbia characias **Palisaden-Wolfsmilch**

Diese Staude bildet dichte Büsche mit schmalen, graugrünen bis bläulichen Blättern; am Ende des Winters erscheinen aber auch noch zahlreiche gelblich bis grüne Blüten mit schwarzer Mitte. Die Pflanze eignet sich bestens, um Mauerwerk zu verbergen, und für größere Steingärten oder Böschungen.

Empfehlenswerte Arten und Sorten
Euphorbia characia ssp. *wulfenii* ist eine Unterart mit gelbgrünen Blüten ohne andersfarbige Mitte; 'Portuguese Velvet' wächst gedrungener und hat samtige, bläuliche Blätter.

Wie wird's gemacht?
Setzen Sie die Pflanzen an eine sonnige, geschützte Stelle mit gut durchlässigem Boden.

Und dann?
Entfernen Sie zu Beginn des Sommers die welken Blüten, damit neue Blätter wachsen.

Gut zu wissen
Sie können einige Blüten bis zur Samenbildung stehen lassen, die dann ohne weiteres Zutun für Jungpflanzen sorgen, die später leicht umgepflanzt werden können. Eine unkontrollierte Selbstaussaat sollten Sie aber verhindern.

Geeignete Partner
Im Frühjahr blühende Zwiebelpflanzen wie Tulpen und Narzissen oder auch Zierlauch

−12 °C

nicht nötig

1,20 m

Fuchsia magellanica **Fuchsie**

Diese schöne Art, die Winterschutz benötigt, wächst zu ansehnlichen Sträuchern heran, die den ganzen Sommer blühen. Man kann die Pflanzen gut als Hecke kultivieren oder an Spalieren hochziehen.

Empfehlenswerte Sorten
'Riccartonii' bildet leuchtend rote, violette Blüten, bei 'Gracilis' sind sie sehr klein; 'Tricolor' wird gern wegen ihrer rosa und weiß panaschierten Blätter gepflanzt; 'Molinae' blüht in ganz zartem Rosa, 'Aurea' besitzt goldfarbene Blätter.

Wie wird's gemacht?
Setzen Sie die Pflanzen erst nach dem Frost im Mai in eine mit Kompost angereicherte, Feuchtigkeit speichernde, aber gut durchlässige Erde. Letzteres ist besonders im Winter wichtig. Meiden Sie stark windige Standorte.

Und dann?
Der Wurzelstock muss im Winter mit einer dicken Schicht Laub geschützt werden. Dazu können die oberirdischen Teile bis auf 5 cm über dem Boden abgeschnitten werden. Im Frühjahr treibt die Pflanze dann wieder aus.

Gut zu wissen
Schwerer Frost lässt für gewöhnlich nur die oberirdischen Teile der Pflanze absterben. Fuchsien eignen sich auch gut als Topfpflanzen.

Geeignete Partner
Farne oder Bodendecker

volle Sonne möglich

−10 °C

im Sommer einmal wöchentlich

80 cm – 1,40 m

Galanthus nivalis Schneeglöckchen

Die klassischen Boten des nahenden Frühlings erweisen sich als treue Pflanzen, die uns jedes Jahr aufs Neue mit herrlichen kleinen Blüten erfreuen, die aussehen wie hängende Milchtropfen, leicht nach Honig duften und denen selbst Schnee oder Frost nichts ausmachen. Man setzt sie in Beete, zwischen Stauden oder unter Bäume und Sträucher, wo sie sich zumeist schnell ausbreiten.

– 25 °C

nicht nötig

15–20 cm

Empfehlenswerte Sorten
Galanthus nivalis ist sicher die bekannteste Schneeglöckchenart; die Sorte 'Flore Pleno' hat einen Ring innerer und äußerer Blütenblätter mit hübscher grüner Zeichnung.

Wie wird's gemacht?
Setzen Sie die kleinen Zwiebeln schon im September in dichten Gruppen von bis zu einem Dutzend Exemplaren an einen halbschattigen Standort mit lockerem Boden, den man zuvor mit etwas Kompost aufbessern kann.

Gut zu wissen
Sollen größere Bestände aufgeteilt werden, ist die Zeit direkt nach der Blüte am besten dafür geeignet. Die ausgegrabenen Knollen sofort an eine neue Stelle setzen.

Geeignete Partner
Bergenien, *Helleborus*, frühblühende Narzissen, Krokus oder Alpenveilchen

Gaura lindheimeri Prachtkerze

Diese schöne Staude mit schlanker Silhouette hat dünne Stängel, an denen zahlreiche Blüten sitzen, die sich wie winzige weiße Schmetterlinge aus rosa Knospen entfalten. Die Blütezeit erstreckt sich über etliche Monate.

– 13 °C

im Sommer alle zwei Wochen

35–80 cm

Empfehlenswerte Sorten
'Siskiyou Pink', die eine Höhe von 40 cm erreicht, hat schmale Blätter und lebhaft rosa Blüten; die weißblütige 'Whirling Butterflies' ist eine besonders robuste Sorte.

Wie wird's gemacht?
Prachtkerzen wachsen sehr schnell, wenn sie in kompostreiche Erde gepflanzt wurden, die nicht zu nass ist. Beim Einpflanzen sollten Sie eine Handvoll Kies unter den Wurzelballen geben, damit überschüssiges Wasser ablaufen kann. Bevorzugt wird ein vollsonniger Standort; Trockenheit wird gut vertragen.

Und dann?
Lassen Sie die Pflanzen sich selbst Aussäen, oder teilen Sie sie bei Bedarf im Frühjahr. Alle zwei Jahre ist eine Verjüngung der Bestände erforderlich.

Gut zu wissen
Diese Pflanze wird auch gerne als Einjährige in saisonalen Beeten kultiviert, wo sie sich schnell entwickelt und reich blüht.

Geeignete Partner
Ziergräser, etwa Federgras, oder auch Dahlien, mit denen sich Prachtkerzen hervorragend ergänzen

Euphorbia bis Gaura

Geranium sp. **Storchschnabel**

Diese Pflanzen darf man nicht mit Geranien (*Pelargonium*) verwechseln, die zwar ebenfalls für Balkon und Blumenbeete Verwendung finden, jedoch nicht winterhart sind. Die echten Storchschnabelarten sind exzellente Gartenpflanzen, denn sie sind widerstandsfähig, einfach zu kultivieren und blühen sehr ergiebig. Man kann sie einzeln pflanzen, in Gruppen oder auch als Bodendecker.

Empfehlenswerte Arten und Sorten
Geranium macrorrhizum ist ein dicht wachsender Bodendecker mit duftenden Blättern, der bis 30 cm hoch wird und von April bis Juni sehr schöne weiße bis rosa Blüten bildet. *G. sanguineum* ist noch kleiner und blüht von Mai bis September in Rosa, Weiß oder Magenta. *G. psilostemon*, eine sehr wuchsfreudige Art, die bis 80 cm hoch wird und im Juni sowie September blüht, ist ebenfalls magentafarben. 'Oriono' bringt über mehrere Monate große Blüten in strahlendem Blau hervor.

Wie wird's gemacht?
Man pflanzt den Storchschnabel einfach in gut durchlässige, mit Kompost angereicherte Erde.

Und dann?
Die mehrfach blühenden Pflanzen müssen nach dem ersten Abblühen bis auf den Boden heruntergeschnitten werden.

Gut zu wissen
Die Wurzelstöcke des Storchschnabels müssen erst nach 4 – 5 Jahren geteilt werden, es sei denn, sie werden durch sehr nährstoffreiche Erde zu übermäßigem Wachstum veranlasst, was schneller zu einer Ermüdung führt.

 Halbschatten möglich
 – 25 °C
 im Sommer alle zwei Wochen
 25 – 70 cm

Helianthus annuus **Gewöhnliche Sonnenblume**

Die normalerweise sehr großen Sonnenblumen bringen mit ihren hübschen Blüten eine ländliche Komponente in den Garten. Unter den zahllosen Sorten gibt es ein- und mehrblütige Vertreter mit einfachen oder gefüllten Blüten. Man sät sie in Reihen als Hintergrundkulisse, als Rahmen oder auch in Gruppen aus, wo sie dann schnell zu prägenden Elementen für ein Beet werden.

Empfehlenswerte Sorten
'Herbstschönheit' wird bis zu 2 m groß, ist mehrblütig und ein- oder zweifarbig; 'Giganteus' erreicht sogar eine Höhe von 3 m und bringt nur eine, dafür aber riesige Blüte hervor; 'Russian Giant' wird ebenfalls 3 m hoch und hat gelbe Blütenköpfe mit grünlicher Mitte.

Wie wird's gemacht?
Im Handel sind Zwergformen erhältlich, die jedoch nur eine begrenzte Lebensdauer haben. Es ist daher besser, die Pflanzen aus Samen heranzuziehen. Dafür geeignet ist eine mit Kompost angereicherte Erde. Man legt im Mai drei Samen zusammen in ein flaches Pflanzloch. Nach dem Austrieb entfernt man die zwei schwächeren Pflänzchen.

Und dann?
Die Blüten eignen sich gut für Sträuße. Man kann aber auch die Samen reifen lassen und als Vogelfutter benutzen. Vor dem Winter werden die Pflanzen entfernt.

Gut zu wissen
Bei einer mageren oder im Sommer zu trockenen Erde erreichen Sonnenblumen nicht ihre maximale Größe.

 – 2 °C
 im Sommer einmal wöchentlich
 40 cm – 3 m

Helleborus niger und *H. orientalis* Christrose und Nieswurz

Die Christrose und die verwandte Orientalische Nieswurz bestechen durch ihre zumeist sehr farbenprächtigen Blüten im Winter. Nutzen Sie diese daher für frühe Farbtupfer in der Nähe des Hauses oder auch entlang von Gehwegen.

–25 °C

im Sommer einmal wöchentlich

30–45 cm

Empfehlenswerte Arten
Die Christrose (*Helleborus niger*), der auch Raureif nichts ausmacht, bringt ihre weißen Blüten als Erste hervor. Die später blühende Orientalische Nieswurz (*H. orientalis*) gibt es in einer Vielzahl von Farben (rosa, cremefarben, rot, gelblich etc.). Kaufen Sie blühende Exemplare, damit sie Farben wie gewünscht anordnen können.

Wie wird's gemacht?
Reichern Sie die Pflanzerde mit reichlich Kompost an, damit sie die Feuchtigkeit gut hält.

Und dann?
Lassen Sie die Nieswurz Samen bilden, damit sie sich allein aussät. Wenn gewünscht, können die Wurzelballen auch gleich nach dem Abblühen geteilt werden.

Gut zu wissen
Ab Januar sollte man bei *H. orientalis* die trockenen, alten Blätter bis zum Ansatz abschneiden, um Platz für neue zu schaffen und eine weitere Blüte anzuregen.

Geeignete Partner
Im Frühjahr blühende Zwiebelpflanzen wie Krokus, Schneeglöckchen, Winterling oder auch Bergenien und Skimmien

Hemerocallis-Hybriden Taglilie

Auch wenn sich die Blüten nur einen einzigen Tag halten, so bieten Taglilien doch ein ganz ähnliches Blütenspektakel wie Pflanzen mit langlebigeren Blüten. In inselartigen Gruppen zwischen andere Stauden gepflanzt, kommt ihre klare Silhouette besonders gut zur Geltung.

–13 °C

im Sommer alle zwei Wochen

50–90 cm

Empfehlenswerte Arten und Sorten
'Corky' erreicht 60 cm Höhe und bildet kleine goldgelbe Blüten; 'Stella de Oro' ist eine bis 40 cm große Zwergform, die sich bestens für Randbepflanzungen eignet und im Herbst ein weiteres Mal blüht; 'Crimson Pirate' wächst auf 60 cm heran und ist dunkelrot; 'Burning Daylight' ist orangefarben und erreicht 80 cm Höhe. *Hemerocallis fulva* 'Kwanso Flore Pleno' gilt als wuchsfreudig und bringt große, gefüllte, orangefarbene Blüten hervor.

Wie wird's gemacht?
Setzen Sie die Pflanzen im Frühjahr in Erde, die mit Kompost angereichert wurde, damit sie locker bleibt. Die Pflanzen vertragen etwas Trockenheit, müssen im Sommer aber dennoch alle zwei Wochen gewässert werden.

Und dann?
Entfernen Sie die regelmäßig welkenden Blüten. Die ausdauernden Wurzelballen sollten alle fünf Jahre geteilt werden.

Geeignete Partner
Fackellilien (*Kniphofia*), Schafgarbe oder Ehrenpreis

Geranium bis Hemerocallis

50 Gartenblumen

Hibiscus syriacus **Echter Roseneibisch**

Unter den im Sommer blühenden Sträuchern stechen die Verwandten der Malven durch ihre anhaltende Farbenpracht hervor. Aus den anfangs etwas unscheinbaren Pflanzen werden im Laufe der Zeit ausladende Büsche mit einfachen oder gefüllten, ein- oder zweifarbigen Blüten.

Empfehlenswerte Sorten
'Russian Violet' hat einfache, dunkel malvenfarbene Blüten; 'William R. Smith' bildet große, reinweiße Blüten; 'Red Heart' blüht weiß mit scharlachroter Mitte; die 'Chiffon'-Serie zeichnet sich durch anderthalbfach gefüllte Blüten in Weiß und Lavendel aus.

Wie wird's gemacht?
Wählen Sie einen sonnigen Standort mit durchlässigem, leicht saurem und mit Kompost angereichertem Boden. Bei anhaltend trockenem Wetter muss gewässert werden.

Und dann?
H. syriacus blüht nur an neuen Trieben. Daher die Zweige gegen Ende des Winters zurückschneiden, damit es zu neuen Verzweigungen und einer reichen Blüte kommt.

Gut zu wissen
In Gebieten mit mildem Klima werden aus den Sträuchern im Laufe der Jahre nicht selten ansehnliche kleine Bäume. In Gegenden mit eher kühlen, feuchten Sommern nimmt man Sorten mit einfachen Blüten, weil sich gefüllte schlechter entwickeln, wenn sie nicht ausreichend Sonne bekommen.

−25 °C

im Sommer einmal wöchentlich

2–3 m

Hosta ssp. **Funkie**

Funkien werden vor allem wegen ihrer dichten Belaubung aus einfarbigen oder panaschierten Blättern geschätzt. Sie bilden außerdem sehr dekorative weiße bis lavendelfarbene Blütenstände, die teilweise duften. Man pflanzt Funkien bevorzugt als Einzelexemplare, als Randeinfassungen oder unter große Sträucher.

Empfehlenswerte Arten und Sorten
Hosta plantaginea 'Grandiflora' hat harte, grüne Blätter und bildet im Sommer weiße, duftende Blüten; 'Halcyon' hat nicht zu große, einfarbig bläuliche Blätter und verträgt einen sonnigen Standort; die großen, graugrünen Blätter von 'Frances Williams' haben einen breiten, gelben Rand.

Wie wird's gemacht?
Die Pflanzen mögen keinen frisch umgegrabenen Boden. Man setzt sie in eine mit Kompost angereicherte Erde, die stets etwas feucht sein sollte. Nach dem Winter mit einer Schicht Komposterde oder trockenem Mist düngen.

Und dann?
Entfernen Sie die welken Blüten. Es dauert mehrere Jahre, bis die Pflanzen sich voll entwickelt haben, aber dann sind sie sehr langlebig. Zu häufiges Teilen wird schlecht vertragen. Im Frühjahr die ersten neuen Blätter durch Ausstreuen von Schneckenkorn schützen.

Geeignete Partner
Farne und feuchte Böden liebende Schwertlilien

Halbschatten möglich

−20 °C
im Sommer einmal wöchentlich

40–75 cm

Hyacinthus-Hybriden **Hyazinthe**

Der starke, liebliche Duft der Hyazinthen ist bei Weitem nicht ihre einzige auffällige Eigenschaft. Vielmehr haben sie außerdem hübsche, in kurzen, dichten Trauben angeordnete, ganz unterschiedlich gefärbte Sternblüten, und es gibt sogar Sorten mit gefüllten Blüten. Man pflanzt Hyazinthen bevorzugt in Gruppen von mindestens fünf Exemplaren zwischen Stauden oder unter große Sträucher. Sie sind auch gut für Saisonbeete geeignet.

Empfehlenswerte Sorten
'Blue Jacket' ist dunkelblau mit purpurner Sternzeichnung; 'Lady Derby' ist rosafarben und 'Carnegie' reinweiß; 'Bleu de Delft' hat porzellanblaue Blüten, 'City of Haarlem' hellgelbe.

Wie wird's gemacht?
Setzen Sie schon im Herbst möglichst große Zwiebeln tief in feuchte, weiche, gut durchlässige Erde; ein halbschattiger Standort ist möglich.

Und dann?
Schneiden Sie welke Blüten ab. Die Zwiebeln wachsen leicht an, auch in einer Rasenfläche. Sie können ganzjährig in der Erde bleiben, wo sie dann jedes Jahr aufs Neue erscheinen. Die Blüten werden immer kleiner, allerdings auch immer zahlreicher, was dann natürlicher aussieht.

Geeignete Partner
Vergissmeinnicht oder Stiefmütterchen

Halbschatten möglich

–25 °C

nicht nötig

25 cm

Hydrangea macrophylla **Garten-Hortensie**

Hortensien werden vor allem zu Anfang des Sommers angeboten. Sie eignen sich nicht nur zum Auspflanzen in den Garten, sondern auch für die Pflege in großen Töpfen oder Kübeln auf der Terrasse. Es gibt Zwergsorten, die aber auch recht viel Platz benötigen, damit sie sich entfalten können.

Empfehlenswerte Sorten
Nehmen Sie vorzugsweise Zwergformen mit kugelförmigen Blütenständen, die blühfreudiger sind. 'Hörnli' erreicht 40 cm Höhe und blüht zartrosa, die leuchtend blaue 'Steiniger' wird 45 cm hoch, die dunkel rosafarbene 'Rosita' bis 50 cm. Die originelle 'Tovelit' zeichnet sich durch sternförmige Blüten in Karmesinrosa aus.

Wie wird's gemacht?
Hortensien bevorzugen leicht saure Erde und eine konstante Feuchtigkeit; in der häufig empfohlenen Heideerde trocknen sie hingegen sehr schnell aus.

Und dann?
Entfernen Sie regelmäßig die nicht mehr schön aussehenden Blüten. Schneiden Sie gegen Ende des Winters die Zweige um die Hälfte zurück; achten Sie dann aber auf späte Frosteinbrüche, die die jungen Triebe schädigen können. Düngen Sie vor der Blütezeit wöchentlich mit einem Flüssigdünger auf die zuvor gut durchfeuchtete Erde.

Gut zu wissen
Durch die saure Pflanzerde können manche rosafarbenen Varietäten blau werden.

–15 °C

im Sommer zweimal wöchentlich

40 cm–1,20 m

Hibiscus bis Hydrangea 87

50 Gartenblumen

Impatiens walleriana Fleißiges Lieschen

Die schnell blühenden, Teppiche bildenden Pflanzen sind unverzichtbare Helfer bei der Bepflanzung schattiger Flächen, etwa unter größeren Bäumen. Sie blühen den ganzen Sommer hindurch und erfordern kaum Aufmerksamkeit.

Empfehlenswerte Arten und Sorten
Die zahlreichen Sorten unterscheiden sich durch ihre Wuchsfreudigkeit und die Größe und Farbe ihrer Blüten; außerdem haben viele sehr schön gefärbte Blätter. Die auf *Impatiens walleriana* zurückgehenden Sorten beeindrucken durch ihre grünen, teilweise panaschierten Blätter und die großen Blüten.

Wie wird's gemacht?
Die sukkulenten Pflanzen benötigen einen weichen, fruchtbaren Boden, an vollsonnigen Standorten kümmern sie zumeist. Man kann sie gut unter Schatten spendende Bäume pflanzen, wo sie auch vor starkem Wind und etwas vor Frost geschützt sind. Nicht zu dicht setzen, da sie dann verstärkt nach oben wachsen. Bei Pflanzabständen von 25 – 30 cm bildet sich schnell eine geschlossene Decke.

Und dann?
Halten Sie den Boden stets feucht, damit eine ununterbrochene Blüte möglich wird.

Geeignete Partner
Fuchsien oder Knollenbegonien

Blütezeit: J F M A M J J A S O N D
Vollschatten möglich
0 °C
im Sommer zweimal wöchentlich
30 cm

Iris germanica Schwertlilie

Diese großen Pflanzen bringen zu Beginn des Sommers langstielige Blüten in unterschiedlichen Farben hervor. Es gibt eine große Auswahl verschiedenster Sorten, die einfach zu kultivieren und zu vermehren sind. Die meisten duften auch ein wenig, und viele weisen Blütenblätter mit abweichender Färbung auf.

Empfehlenswerte Sorten
'Beverly Sills' ist korallenfarben und duftet stark, 'Amethyst Flame' ist lavendelrosa; die verzweigte 'Stepping Out' hat blau und weiß gezeichnete Blüten, 'Granada Gold' blüht leuchtend gelb, 'Study in Black' ist tief purpurrot bis fast schwarz und 'Skating Party' reinweiß.

Wie wird's gemacht?
Wählen Sie einen durchlässigen und vor allem trockenen Boden in vollsonniger Lage. Die Rhizome oder Knollen werden Mitte des Sommers nach der Blüte gesetzt und so angeordnet, dass sich nach außen verjüngende Inseln bilden. Schneiden Sie gleich anschließend die Blätter ab; sie treiben schnell wieder aus. Alle drei oder vier Jahre müssen die Bestände geteilt werden.

Und dann?
Setzen Sie die Pflanzen nur an eine gründlich von Unkraut befreite Stelle. Wählen Sie keine Beete, die regelmäßig gewässert werden, da die Lilien sonst bald kümmern.

Geeignete Partner
Goldmohn oder Ringelblume

Blütezeit: J F M A M J J A S O N D
–20 °C
nicht nötig
75 – 90 cm

Lavandula angustifolia Echter Lavendel

Hiermit holt man sich südliche Gefilde in Gestalt einer herrlich duftenden, unnachahmlich blau blühenden Pflanze in den Garten. Sie bildet dichte Bestände mit immergrünen, grauen Blättern, über denen zahlreiche Blütenähren erscheinen, die ihrerseits Schmetterlinge anziehen. Daneben ist Lavendel eine wertvolle Heilpflanze.

Empfehlenswerte Arten und Sorten
'Hidcote' ist eine kompakte Zwergform in dunkelviolett, 'Loddon Pink' dagegen zartrosa und 'Goldburg' hat besonders große Blätter mit cremefarbenem Rand und blauvioletten Blüten. *Lavendula stoechas* 'Pedunculata' (der Schopflavendel), der leider frostempfindlich ist, bildet hübsche Blütenähren, die sich über mehrere Monate halten.

Wie wird's gemacht?
In gut durchlässige Erde in die Sonne pflanzen. Gegebenenfalls muss der Boden mit Bausand oder Kies aufgelockert werden. Die Pflanzen sind langlebig und wachsen schnell.

Und dann?
Denken Sie an das Entfernen welker Blüten gegen Ende des Sommers. Junge Exemplare sollten zurückgeschnitten werden, damit die Pflanzen kompakter werden.

Gut zu wissen
Pflanzen Sie Lavendel nicht an Stellen, die im Winter zu nass werden.

 –12 °C
 nicht nötig
 55 cm

Lavatera-Hybriden Strauchmalve

Diese sehr schnell wachsenden Sträucher werden oft schon nach ein paar Monaten zu richtigen Büschen und blühen dann im Überfluss, denn die großen ein- oder zweifarbigen Blüten erscheinen den gesamten Sommer hindurch. Die Pflanze eignet sich bestens als Hintergrund für Beete, für Hecken oder als einzeln stehender Blickfang.

Empfehlenswerte Sorten
'Barnsley' ist weiß mit rosa Mitte; 'Bredon Springs' hat große, kräftig rosafarbene Blüten; 'Candy Floss' ist zart rosa; 'Shorty' bleibt klein und blüht kräftig rosa; 'Burgundy Wine' ist weinrot, 'White Satin' weiß.

Wie wird's gemacht?
An einen sonnigen Platz in gut durchlässige Erde pflanzen. Häufeln Sie diese beim Setzen bis zu den ersten Zweigen an, um das Einwurzeln zu erleichtern.

Und dann?
Nur einmal gegen Ende des Winters auf 10–15 cm über dem Boden zurückschneiden, damit die kompakte Wuchsform erhalten bleibt.

Gut zu wissen
Stecklinge können gegen Ende des Sommers genommen werden. Die Pflanze eignet sich hervorragend für Standorte nahe am Meer, jedoch abgeschirmt vor starkem Wind.

Geeignete Partner
Staudengewächse wie Katzenminze, Rittersporn oder blau blühende Glockenblumen, Lilien oder Frauenmantel

 –7 °C
 nicht nötig
 2–2,30 m

Impatiens bis Lavatera 89

Leucanthemum x *superbum* **Gartenmargerite**

Die großen Margeriten sind mit ihren einfachen oder gefüllten Blüten ein schöner Blickfang in jedem Garten und sorgen mit ihrem frischen Aussehen außerdem für einen Ruhepunkt in der oft verwirrenden Farblandschaft blühender Sommerbeete. Man verteilt sie in bunten Rabatten daher am besten in kleinen Gruppen, damit sie trennende Akzente setzen.

Empfehlenswerte Sorten
'Petite Princesse d'Argent' wird nicht höher als 40 cm und blüht reichlich; 'Sonnenschein' hat besonders große, gelbe Blüten, 'Gruppenstolz' dunkelgrüne Blätter und weiße Blüten, die von 'Clairette' sind anderthalbfach gefüllt und 'Wirral Supreme' besitzt schwere, doppelt gefüllte Blüten. 'Reine de Mai' sät sich selbst aus.

Wie wird's gemacht?
Pflanzen Sie die Margeriten in eine weiche, gut durchlässige Erde, vorzugsweise an einen sonnigen Standort.

Und dann?
Die Pflanzen häufig teilen, da sie sonst schwächeln oder gar umfallen. Entfernen Sie welke Blüten, und stützen Sie sehr große oder auseinander fallende Exemplare.

Geeignete Partner
Pflanzen mit ähren-, glocken- oder pomponartigen Blütenständen als Kontrast

–20 °C

im Sommer alle zwei Wochen

40–90 cm

Lilium-Hybriden **Lilie**

Diese Zwiebelpflanzen begeistern durch ihre herrlichen, duftenden Blüten. Es gibt zahlreiche Sorten, die offene, trompetenförmige, aufrecht stehende oder elegant geneigte Blüten haben können.

Empfehlenswerte Arten und Sorten
'Enchantment' ist eine Hybride mit orangefarbenen, aufrechten Blüten; 'Star Gazer', die einen betäubenden Duft verströmt, hat große, rötliche Blüten mit purpurnen Flecken und weißem Rand. *Lilium regale* bildet stark duftende, weiße, trompetenförmige Blüten mit bronzefarbener Rückseite; *Lilium henryi* wird bis 1,50 m hoch und besitzt orangefarbene Blüten mit grüner Mitte.

Wie wird's gemacht?
Kaufen Sie große Zwiebeln, die im Oktober zu dritt oder fünft in eine mit Kompost angereicherte, feuchte, aber dennoch gut durchlässige Erde kommen. Wenn nötig, muss der Grund der Pflanzlöcher mit einer Handvoll Bausand bedeckt werden. Setzen Sie die Zwiebeln eher tief. Rote Käfer auf den Pflanzen werden entfernt. Es handelt sich dabei um Lilienhähnchen, die die Blätter und Knospen von Lilien fressen.

Und dann?
Schneiden Sie nach dem Abblühen den gesamten Blütenstiel ab. Lassen Sie aber die Blätter stehen, damit sie die Zwiebel ernähren.

Geeignete Partner
Andere Stauden oder farblich passende Einjährige

–20 °C

im Sommer einmal wöchentlich

80 cm–1,30 m

Lupinus x *polyphyllus* **Lupine**

Mit ihren handförmig geteilten Blättern und aufrecht stehenden Blütentrauben in den unterschiedlichsten Farben sind Lupinen jedem Gärtner bestens vertraut. Sie bilden dichte Bestände, und die einzelnen Exemplare erreichen imposante Ausmaße. Man pflanzt sie am besten in Gruppen in Beete oder lässt sie eine geschlossene Decke an einem Hang bilden.

−25 °C

im Sommer alle zwei Wochen

50 cm–1,10 m

Empfehlenswerte Sorten
Russels Hybriden werden häufig als bunte Samenmischung oder nach Sorten getrennt angeboten. Alle Hybriden gelten als dankbare Pflanzen.

Wie wird's gemacht?
Lupinen brauchen einen weichen und vor allem sauren Boden, der mit Kompost- oder Heideerde angereichert werden sollte. Dennoch halten sich die Pflanzen nur einige Jahre. Man pflanzt sie am besten im September in kleinen Gruppen zusammen (mindestens fünf Exemplare, jeweils etwa 80 cm voneinander entfernt). Der Boden sollte zuvor tief (bis etwa 60 cm) umgegraben werden, damit sich die Pflanzen gut verankern können.

Und dann?
Schneiden Sie welke Blüten und Blätter ab, und wässern Sie den Sommer hindurch, damit es im Herbst zu einer weiteren Blüte kommt.

Gut zu wissen
Lupinen lassen sich einfach durch Ausstreuen ihrer Samen ansiedeln, vertragen ein Umsetzen aber sehr schlecht. Auch das Teilen ist eine delikate Angelegenheit.

Mentha ssp. **Minze**

Die aromatisch duftenden, manchmal leicht gekräuselten Blätter sind zumeist grau, können aber einen andersfarbigen Rand haben; außerdem blühen viele Sorten ganz wunderbar. Minze lässt sich einfach in einem stets feuchten Boden kultivieren. Man pflanzt sie in größeren Beständen in anderweitig nicht nutzbare Ecken des Gartens oder zwischen robuste Stauden.

Halbschatten möglich

−25 °C

im Sommer dreimal wöchentlich

40–75 cm

Empfehlenswerte Arten und Sorten
Mentha longifolia 'Buddleia' erreicht 70 cm Höhe, hat graue Blätter und bildet zahlreiche, malvenfarbene Blütenquirle; M. suaveolens 'Variegata' ist eine wuchernde Staude mit weiß gefleckten Blättern. Die Blätter der Pfefferminze (M. x *piperita*) werden als Tee verwendet.

Wie wird's gemacht?
Ein mit Kompost aufbereiteter Boden, der auch im Sommer stets feucht bleibt, sagt den Pflanzen am meisten zu und lässt sie oftmals regelrecht wuchern.

Gut zu wissen
Beschädigte Exemplare kann man bis auf den Grund abschneiden, denn sie treiben neu aus. Beim Setzen von Minze ist darauf zu achten, dass sie weit genug entfernt von empfindlicheren Pflanzen steht, da sie diese sonst schnell überwuchert. Man kann ihren Ausbreitungsdrang einschränken, indem man sie in Töpfen eingräbt. Allerdings halten sie sich so nicht sehr lange, es sei denn, sie werden wenigstens alle zwei Jahre umgetopft.

Leucanthemum bis Mentha

50 Gartenblumen

Mirabilis jalapa Wunderblume

Die zahllosen schönen Blüten dieser Pflanzen öffnen sich erst mit Einbruch der Dunkelheit und verströmen dann einen herrlich nussigen Duft. Sie bilden dichte Büsche mit grünen Blättern und sind daher gut zum Verdecken von Mauerwerk geeignet, machen sich aber auch ausgezeichnet zwischen Einjährigen oder anderen Stauden.

Empfehlenswerte Sorten
'Harlekin' erreicht 80 cm Höhe und bringt trompetenförmige Blüten in verschiedenen Farben hervor; 'Tea Time' wird 70 cm hoch, hat aber einen kompakteren Wuchs und eignet sich daher besser für kleine Beete. Die klassischen Sorten, die man in älteren Gärten findet, sind gewöhnlich üppiger.

Wie wird's gemacht?
Bringen Sie die Samen ab April direkt in den bereits aufgewärmten Boden, der gut durchlässig sein sollte. Nach dem Auskeimen muss ausgelichtet werden, damit nur noch alle 30–40 cm eine kräftige Pflanze übrigbleibt. Während des Wachstums wird gut gegossen.

Und dann?
Da die Pflanzen nur bedingt winterhart sind, gräbt man sie im Herbst am besten aus und lagert sie frostfrei ein. Samen kann man wieder zur Aussaat verwenden.

Gut zu wissen
Die besten Standorte für diese buschigen und oft blütenreichen Stauden sind geschützte Plätze mit viel Sonne.

0 °C
im Sommer alle zwei Wochen
70 cm – 1,50 m

Miscanthus ssp. Chinaschilf

Diese grazilen Ziergräser bringen Höhe in Rabatten, und ihre kräftig gefärbten, verzweigten, im Wind wogenden Blütenrispen sehen besonders im Herbstlicht wunderschön aus. Somit bieten sie sich als prächtige Hintergrundkulisse für Staudenkompositionen oder auch nur als Windfang an.

Empfehlenswerte Arten und Sorten
'Morning Light' wird 1,50 m hoch und hat sehr schmale Blätter mit weißen Streifen; 'Silberfeder' erreicht 2 m Höhe und bildet zahlreiche, federartig wirkende Blütenstände mit silbrigem Glanz. *Miscanthus sacchariflorus* ist ein 2,50 m hoher „Riese", der an Zuckerrohr erinnert.

Wie wird's gemacht?
Suchen Sie einen sonnigen Platz aus, der ein Stück von anderen Pflanzen entfernt liegt. Fruchtbare, feuchte Erde wird bevorzugt und führt zu einem vollen Wachstum, aber Chinaschilf passt sich auch sehr gut an andere Böden an, solange diese nicht zu trocken sind. Die beste Pflanzzeit ist von März bis Mai, weil dann der ganze Sommer zum Verwurzeln genutzt werden kann.

Und dann?
Ende des Winters werden die nun kahlen Halme bis auf den Boden heruntergeschnitten. Sie sind so stabil, dass man sie als Stützen für kleine Stauden verwenden kann. Der Neuaustrieb ist kräftig und schnell, und nach mehreren Jahren wird ein Teilen notwendig sein, das ausschließlich im Frühjahr durchgeführt wird.

–15 °C

im Sommer alle zwei Wochen
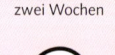

1,50 – 2,50 m

Myosotis alpestris **Alpen-Vergissmeinnicht**

Die hübschen, kleinen Pflanzen aus dem Alpenraum blühen spät im Frühjahr und bilden dann eine Decke aus blauen, rosa oder weißen Blüten. Man nutzt die Art als Randbepflanzung oder Lückenfüller in Staudenbeeten.

Empfehlenswerte Sorten
'Compindi' ist eine kleine Sorte mit dunkelblauen Blüten; 'Rosylva' erreicht 20 cm Höhe, ist kräftig rosa und hat eine lange Blütezeit, während 'Indigo' größer wird und tiefblau blüht. Die klassischen Sorten sind normalerweise anpassungsfähiger.

Wie wird's gemacht?
Man kauft vorgezogene Pflänzchen, die im Herbst oder Frühjahr in frische, gut durchlässige Gartenerde gesetzt werden. Zum Bepflanzen von 1 m² benötigt man 10 – 15 Exemplare.

Und dann?
Entfernen Sie die trockenen Pflanzen, nachdem sie im Juli/August Samen gebildet und verstreut haben. Auf diese Weise werden Sie überrascht feststellen, dass an diesen Stellen auch im nächsten Jahr plötzlich wieder Vergissmeinnicht erscheinen und Sie mit einer reichen Blüte erfreuen.

Gut zu wissen
Achten Sie auf Befall von Echtem Mehltau.

Geeignete Partner
Tulpe, Hyazinthe oder Narzisse

Halbschatten möglich

– 25 °C

nicht nötig

15 – 35 cm

Narcissus-Hybriden **Narzisse**

Diese stattlichen Frühlingsboten vermehren sich schnell und bilden dann an sonnigen wie auch schattigen Standorten prächtige Bestände. Die Investition in Zwiebeln dieser Pflanzen lohnt in jedem Fall und zahlt sich Jahr für Jahr aufs Neue aus. Narzissen wachsen gut ein und brauchen kaum Pflege. Man setzt sie in dichten Gruppen zwischen Stauden oder unter Bäume und große Sträucher. Sie eignen sich aber ebenso als Randbepflanzung von Wegen und Beeten oder zum Aufteilen größerer Rasenflächen.

Empfehlenswerte Sorten
'Thalia' bildet mehrere mittelgroße, weiße, duftende Blüten; 'Ice Follies' besitzt große, elfenbeinfarbene Blüten, 'Salmon Trout' hat einen rosa-fleischfarbenen Becher und weiße Kronblätter; 'Geranium' ist weiß mit einem orangefarbenen Becher und duftet sehr stark, 'Carlton' ist ein Klassiker mit großen, gelben Blüten.

Wie wird's gemacht?
Die Zwiebeln in Gruppen aus 10 – 30 Stück eher tief in locker bleibende Erde setzen.

Und dann?
Welke Blüten abschneiden und die Blätter stehen lassen, damit die Zwiebel möglichst viel Kraft sammeln kann. Zu große Bestände nach etwa fünf Jahren ausdünnen.

Gut zu wissen
Die grünen Blätter produzieren mithilfe der Fotosynthese noch lange Nährstoffe, die in die Zwiebel eingelagert werden und das erneute Austreiben erst ermöglichen!

Halbschatten möglich

– 25 °C

nicht nötig

25 – 50 cm

Mirabilis bis Narcissus 93

Nepeta ssp. **Katzenminze**

Wenn Sie blaue Blüten mögen, werden Sie von diesen herrlich duftenden Pflanzen mit ihren unzähligen, kleinen, blauen, in Trauben angeordneten Blüten sofort begeistert sein. An den Rand oder als Inseln gepflanzt, lockert Katzenminze jedes Beet auf.

Empfehlenswerte Sorten
'Six Hills Giant' blüht zartblau, ist sehr wuchsfreudig und erreicht 1 m Höhe; 'Snowflake' bleibt mit 30 cm deutlich kleiner, wächst mehr in die Breite und bildet Unmengen weißer Blüten; 'Dawn to Dusk' wird 90 cm hoch und bildet aufrechte Trauben aus hellrosa und purpurfarbenen Blüten.

Wie wird's gemacht?
Wählen Sie eine sonnige Stelle mit gut durchlässiger Erde, denn die Pflanze mag keine Nässe oder Schatten.

Und dann?
Schneiden Sie die Pflanze direkt nach dem Abblühen zurück, damit sie im Herbst erneut blüht. Gegen Ende des Winters sollte dann die ganze Staude bis kurz über dem Boden abgeschnitten werden.

Gut zu wissen
Die Blätter der Katzenminze locken Katzen an, die sich gerne darin wälzen und dadurch die schönen Büsche zerstören. Um das zu verhindern, kann man unauffällig kleine Bambusplöcke einschlagen.

Geeignete Partner
Rosen oder Stauden mit hellen Blüten

−25 °C

im Sommer alle zwei Wochen

30 cm – 1 m

Paeonia lactiflora **Chinesische Pfingstrose**

Diese Pfingstrose ist praktisch unverwüstlich, was sich in verwilderten Gärten zeigt, wo die Pflanzen regelmäßig blühen. Sie sind exquisite Schnittblumen mit einfachen oder gefüllten Blüten in einer großen Auswahl an Formen und Farben. Man setzt sie vorzugsweise einzeln, zwischen andere Stauden, in die Ecke eines Beetes oder auch entlang von Gehwegen.

Empfehlenswerte Arten und Sorten
'Bowl of Beauty' ist rosa mit einer hellgelben Mitte; 'Albert Crousse' hat doppelt gefüllte, rosa bis cremefarbene, duftende Blüten. *Paeonia officinalis* 'Rubra Plena' bildet tiefrote, gefüllte Blüten.

Wie wird's gemacht?
Setzen Sie die Pflanzen vorzugsweise im September oder Oktober, und achten Sie dabei darauf, dass die untersten Triebe auch 1–2 cm tief in die Erde kommen. Die Pflanzerde sollte mit Kompost angereichert werden, damit sie die Feuchtigkeit gut halten kann, ohne gleichzeitig Staunässe zu erzeugen. Bei Bedarf muss der Boden mit Bausand durchlässiger gemacht werden.

Und dann?
Entfernen Sie welke Blüten, und geben Sie in jedem Frühjahr eine Schicht Kompost, der die Bodenfeuchtigkeit gut hält und Nährstoffe liefert.

Gut zu wissen
Jungpflanzen benötigen manchmal zwei oder drei Jahre, bis sie das erste Mal blühen. Ist dies nicht der Fall, pflanzen Sie das Exemplar an eine andere Stelle.

−30 °C

im Sommer einmal wöchentlich

80 cm – 1,20 m

Papaver orientalis Türkischer Mohn

Mit ihren übergroßen, unverwechselbaren Blüten sind Mohnpflanzen immer ein schöner Anblick. Man setzt sie einmal, und sie kommen jedes Jahr wieder. Vereinzelt oder in Gruppen bringen sie trotz ihrer schnellen Vergänglichkeit Leben in jedes Blumenbeet.

Empfehlenswerte Sorten
Die hochwüchsige 'Beauty of Livermere' hat leuchtend rote Blüten mit einer großen schwarzen Mitte; 'Garden Glory' besitzt große, lachsfarbene Blütenblätter; 'Mary Finnan' ist kräftig rot mit schwarzer Mitte und gewellten Blütenblättern; die elegante 'Perry's White' hat weiße Blüten mit einer schwarzen Mitte.

Wie wird's gemacht?
Setzen Sie vorgezogene Pflanzen in nicht zu kalte Erde. Die beste Zeit dafür ist der Herbstanfang oder das Frühjahrsende. Die Stelle sollte gut drainiert sein und mit Bedacht gewählt werden, da sich die Pflanzen über ihre Wurzeln zügig ausbreiten. Dann kann man nur abwarten, denn mit der ersten Blüte ist erst zwei Jahre später zu rechnen.

Gut zu wissen
Nach der Blüte verschwinden die Blätter schnell und kommen erst im nächsten Herbst wieder. Die Pflanze ist überaus widerstandsfähig gegen Hitze und Kälte. Man sollte sie mit einer ausladenden, im Sommer blühenden Staude, etwa einer Prachtkerze, kombinieren, damit die Standorte zwischenzeitlich nicht zu leer aussehen.

−23 °C

nicht nötig

60 cm – 1,20 m

Polystichum setiferum Grannen-Schildfarn

Dieser Farn wirkt mit seinen ausladenden, stark eingeschnittenen Wedeln besonders anmutig. Die Blätter entwickeln sich aus Trieben, die von harten, goldgelben Spreuschuppen umgeben sind; diese finden sich später auf der Unterseite der ausgebreiteten Wedel wieder.

Empfehlenswerte Sorte
'Proliferum Densum' zeichnet sich durch dicht stehende Wedel aus und erinnert dadurch ein wenig an ein Moos.

Wie wird's gemacht?
Die anpassungsfähigen Pflanzen gedeihen am besten an feuchten Standorten, überstehen aber auch vorübergehend trockenere Zeiten recht gut. Man setzt sie im September oder Oktober, sodass sie die Feuchtigkeit des Winters zum Ausbilden von Wurzeln nutzen können. Beim Pflanzen sollte der Boden mit Kompost angereichert werden. Mulchen ist anzuraten.

Und dann?
Wenn im Frühjahr die neuen Wedel erscheinen, können die alten abgeschnitten werden.

Gut zu wissen
Die beste Pflanzzeit ist Anfang des Herbstes, wenn die Erde noch warm, aber schon feucht ist.

Geeignete Partner
Bubiköpfchen oder – als Kontrast – rundblättrige Pflanzen wie Bergenien bzw. Arten mit schmalen Blättern wie *Iris foetidissima*

Halbschatten möglich

−15 °C

im Sommer einmal wöchentlich

60–90 cm

Nepeta bis Polystichum

Primula-Hybriden **Primel**

Viele Primeln oder Schlüsselblumen sind langlebige Stauden mit ganz unterschiedlich großen, lang oder kurz gestielten Blüten in den verschiedensten Farben. Man kann sie für Farbflecke in Beeten nutzen, zwischen andere Stauden setzen oder als Teppich unter Sträucher pflanzen.

Empfehlenswerte Sorten
Suchen Sie einfach Pflanzen aus, deren Farben Ihnen zusagen. Die älteren Sorten mit gefüllten Blüten sind inzwischen auch wieder in Mode, etwa 'Quaker's Bonnet' in Zartrosa, 'Corporal Baxter' in Rot oder die erfrischend weiß blühende 'Dawn Ansell'.

Wie wird's gemacht?
Wählen Sie eine Stelle mit weicher Gartenerde aus. Setzen Sie die Pflanzen im Herbst, nötigenfalls auch gegen Ende des Winters, und freuen Sie sich auf ein monatelanges Farbenspektakel.

Und dann?
Lassen Sie die Pflanzen mehrere Jahre lang ungestört wachsen. Bei Bedarf können sie dann geteilt und/oder durch andere interessante Sorten ergänzt werden. Setzen Sie die geteilten Pflanzen sofort wieder ein.

Gut zu wissen
Die stattlichen und robusten Stauden gedeihen auch im Halbschatten, etwa unter Sträuchern. Kräftiger gefärbte Exemplare können mit zunehmendem Alter verblassen.

Halbschatten möglich

–20 °C

im Sommer einmal wöchentlich

15–30 cm

Rosa-Hybriden **Rose**

Unter den zahlreichen Gartensträuchern sind die Rosen diejenigen mit der längsten Blütezeit, dem schnellsten Wachstum und der längsten Lebensdauer.

Empfehlenswerte Sorten
Bei den niedrigen Sorten hält man sich am besten an Klassiker wie die 50 cm hohe 'The Fairy' mit gefüllten, leuchtend rosa Blüten. 'Emera' wird 45 cm groß, hat anderthalbfach gefüllte, fuchsiafarbene Blüten, sie blüht reichlich und ist sehr robust, ebenso wie die anmutige, reinweiße 'Opalia'. 'Little White Pet' bildet weiße Blüten mit rosa Unterseite. Gartenrosen machen besonders viele Blüten, so die aprikosenfarbene 'Ghislaine de Féligonde' und die rosa überlaufene 'Cornelia'. Bei den Kletterrosen zeigt 'Pierre de Ronsard' perlmutt- bis rosafarbene Blüten im Retrostil; ihr Gegenstück sind die rote 'Eric Tabarly' oder auch 'Pink Cloud', die große, leuchtend rosa Blütenblätter bildet.

Wie wird's gemacht?
Setzen Sie den Stock in eine mit Kompost und Rosendünger angereicherte Erde. Rosen mit mehr oder weniger nackten Wurzeln pflanzt man zwischen November und März, die übrigen können das ganze Jahr über gesetzt werden. Der Veredelungspunkt darf nicht mit eingegraben werden.

Und dann?
Die mehrfach blühenden Sorten werden Ende des Winters geschnitten, die einmalig blühenden im Sommer.

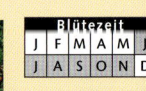

–25 °C

im Sommer einmal wöchentlich

40 cm–1,20 m bis 4 m bei Kletterrosen

Rudbeckia fulgida Sonnenhut

Diese Pflanzen sind aufgrund ihrer Blütezeit Ende des Sommers von großem Wert für Herbstbeete. Sie bleiben lange Zeit dekorativ, zunächst durch ihre orangegelben Korbblüten und dann durch deren schwarze Mitte, die bis in den Winter hinein erhalten bleibt.

Empfehlenswerte Sorte
'Goldsturm' ist mit ihren großen, lebhaft gefärbten Blüten auf langen, aufrechten Stielen eine besonders empfehlenswerte Sorte.

Wie wird's gemacht?
Setzen Sie die Pflanzen in Gruppen aus mindestens drei Exemplaren in eine mit Kompost angereicherte Erde, die auch im Sommer und in voller Sonne nicht zu sehr austrocknen darf.

Und dann?
Befreien Sie die Stauden von verdorrten Teilen, sodass Sie noch möglichst lange etwas von den dekorativen schwarzen Blütenresten haben. Die Bestände müssen etwa alle drei Jahre geteilt werden.

Gut zu wissen
Sonnenhut darf nicht zu eng gepflanzt werden; 2 m Abstand zwischen zwei Inseln sind wirkungsvoller.

Geeignete Partner
Dahlien, Salbei *(Salvia uliginosa)* oder *Sedum* 'Herbstfreude', Ziergräser und Astern

−20 °C

im Sommer einmal wöchentlich

80 cm

Sedum-Hybriden Fetthenne

Diese sukkulenten Pflanzen halten sich mit großer Zuverlässigkeit bis tief in den Winter. Sie sind sehr anpassungsfähig, überaus pflegeleicht und perfekt für den Anfänger geeignet.

Empfehlenswerte Arten und Sorten
'Herbstfreude' entwickelt sich schnell zu ansehnlichen Stauden mit aufrecht stehenden, dicken Blättern, über denen große Dolden aus rosa Blüten erscheinen, die nach dem Verblühen weinrot werden. Die Blüten sorgen über mehrere Monate hinweg für wunderbare Farbtupfer. Die Sorten von *S. spectabile* mit weißen oder rosa Blüten sind ebenso dekorativ, aber ihre Blütezeit ist kürzer.

Wie wird's gemacht?
Die Bodenbeschaffenheit spielt kaum eine Rolle. Der Untergrund kann trocken oder feucht sein, aber nicht zu fett; als Standort eignen sich sonnige oder halbschattige Plätze.

Und dann?
Gegen Ende des Winters abschneiden. Die Büsche alle 3–4 Jahre teilen. Vermehrung durch Stecklinge ist einfach.

Gut zu wissen
Wenn die äußersten Blätter von Schädlingen befallen werden, können die Triebe ein Stück eingekürzt werden; die darunter befindlichen Augen treiben dann neu aus und bilden weitere Blüten.

Geeignete Partner
Ziergräser wie *Stipa*, andere Stauden wie Sonnenhut, Salbei 'Lubecca' und Astern

Halbschatten möglich

−20 °C

nicht nötig

50 cm

Primula bis Sedum

Tagetes patula Studentenblume

Es gibt zahlreiche Sorten mit einfachen oder mehr oder weniger gefüllten Blüten in warmen, beispielsweise gelben oder orange- bis mahagonifarbenen Tönen. Man pflanzt sie bevorzugt als Inseln oder in eine Reihe als Beeteinfassung; man kann sie aber auch zur Befestigung des Erdreichs einsetzen, denn sie bilden ein dichtes Wurzelgeflecht aus.

Empfehlenswerte Sorten
'Majestic' hat einfache, gelbe Blüten mit mahagonifarbener Zeichnung; 'Honeycomb' besitzt zweifarbige, ein wenig kammartig wirkende Blüten; 'Safari Tangerine' bildet große, orangefarbene Blütenköpfe.

Wie wird's gemacht?
Säen Sie die Samen an Ort und Stelle ab Ende April aus, also dann, wenn sich der Boden schon etwas erwärmt hat. Die Pflänzchen müssen später ausgedünnt werden, damit nur etwa alle 13 cm ein Exemplar stehen bleibt. Die hübschen Einjährigen lassen sich gut umpflanzen. Vorgezogene Pflänzchen werden ab Mai in kompostreiche Erde in die Sonne gepflanzt.

Und dann?
Welke Blüten müssen nicht entfernt werden, und auch der Rückschnitt von Jungpflanzen ist unnötig.

Geeignete Partner
Die lebhaften Farben passen gut zu denen von Petunien. Wählen Sie aber andere warme Farbtöne.

−2 °C

im Sommer einmal wöchentlich

20–35 cm

Tropaeolum-Hybriden Kapuzinerkresse

Die Kultur von Kapuzinerkresse ist verblüffend einfach. Mit ihren runden Blättern und den sich weit öffnenden, vielfarbigen Blüten passen sie praktisch in jedes Beet. Mit den Zwergsorten lassen sich schöne Einfassungen gestalten, und die kletternden verwandeln sich in Bodendecker, wenn man ihnen kein Spalier anbietet.

Empfehlenswerte Sorten
Es existieren wenigstens drei Sorten mit Wuchshöhen bis 35 cm: 'Alaska' mit cremefarben gefleckten Blüten in unterschiedlichen Farben; 'Peach Melba' mit hellgelben, rot gefleckten und 'Empress of India' mit scharlachroten Blüten und sehr dunklem Laub. 'Jewel of Africa' ist eine kletternde Sorte, die es in verschiedenen Farben gibt.

Wie wird's gemacht?
Säen Sie die Pflanzen ab Ende April grüppchenweise aus. Bei kletternden Sorten nicht mehr als zwei Samenkörner zusammensetzen, da sie sich sonst gegenseitig ersticken.

Und dann
Lassen Sie den Pflanzen freien Lauf. Die kletternden Sorten halten sich an Gittern, Spalieren und anderen Pflanzen fest oder bilden dichte Teppiche.

Gut zu wissen
Kapuzinerkresse wird oft von Blattläusen heimgesucht, die man mit Seifenwasser vertreiben oder mit einem Insektizid vernichten kann.

0 °C

im Sommer einmal wöchentlich

25 cm – 3 m bei Kletterformen

Tulipa-Hybriden **Tulpe**

Wie soll man sich einen Frühling ohne Tulpen vorstellen! Die frischen, reinen Farben ihrer Blüten gehören einfach dazu. Zudem sind sie überaus einfach zu kultivieren. Die je nach Sorte etwas unterschiedlich großen Pflanzen blühen von März bis Ende Mai.

Empfehlenswerte Arten und Sorten
Die spät blühende 'Angelique' hat gefüllte, blassrosa Blüten, die später nachdunkeln; 'Georgette' bildet gelbe Blüten, deren orangefarbener Rand immer breiter wird; 'White Triumphator' zeigt herrliche lilienartige Blüten, bei 'Apricot Beauty' sind sie lachsrosa mit einem zarten orangefarbenen Einschlag; die frühblühende Art *Tulipa tarda* hat sternförmige gelbe Blüten mit weißem Rand.

Wie wird's gemacht?
Die Zwiebeln werden im Herbst tief in weiche, gut durchlässige Erde an einen sonnigen Platz gesetzt. Die Größe der Zwiebeln steht in direktem Verhältnis zur Größe der zu erwartenden Blüten, zumindest bei den Zuchtformen; man wählt also bevorzugt große Zwiebeln aus.

Und dann?
Warten Sie, bis die Blätter eingezogen wurden, und lassen Sie die Zwiebeln an Ort und Stelle. Sie halten sich über mehrere Jahre, auch wenn sich die Farben der Blüten verändern und ihre Größe abnimmt.

Geeignete Partner
Strauchförmige Stauden oder Zweijährige wie Stiefmütterchen, Vergissmeinnicht oder Tausendschön

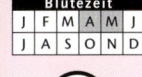

 –20 °C
 nicht nötig
 25–50 cm

Viola ssp. **Stiefmütterchen und Hornveilchen**

Man findet diese beliebten Pflanzen in unterschiedlichen Farben von Pastelltönen bis kräftig Rot und Kupfer sowie allen erdenklichen Schattierungen dazwischen. Darüber hinaus hat man die Wahl zwischen besonders großen oder besonders vielen kleinen Blüten. Die Verwendungsmöglichkeiten reichen von Blumenteppichen über Inseln bis zu farbenprächtigen Beeteinfassungen.

Empfehlenswerte Sorten
Zu den Stiefmütterchen mit großen Blüten gehören 'Antique Shades' in weichen, warmen Farben, 'De Chalons' mit gekräuselten Blütenblättern oder die vielfarbige, besonders früh blühende 'Précurseur'. Zu den kleinblütigen Hornveilchen gehören die dreifarbige 'Johnny Jump Up' oder 'Princess', die mit ihren vielen verschiedenen Farben besonders dekorativ ist.

Wie wird's gemacht?
Für eine Blüte im nächsten Jahr wird im Sommer zuvor ausgesät. Einfacher ist jedoch das Setzen vorgezogener Pflänzchen im Herbst oder Frühjahr, wenn bereits Blüten vorhanden sind. Die Erde sollte mit Kompost unter-

mischt werden, damit sie locker bleibt.

Und dann?
Lassen Sie die Pflanzen solange wie möglich blühen; vor allem die Veilchen wachsen oft wie echte Stauden. Entfernen Sie Triebe, die noch nach Ablauf des Sommers erscheinen.

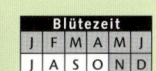
 Halbschatten möglich
 –20 °C
 nicht nötig
 20 cm

Tagetes bis Viola

Glossar

Rund um das Blumenbeet

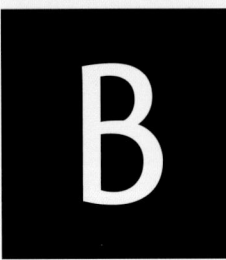

Blumenbeet

Eine abgegrenzte Fläche mit einem bestimmten Umriss, auf der normalerweise nur der Zierde dienende Pflanzen kultiviert und wirkungsvoll zur Schau gestellt werden.

Die früher so beliebten einfarbigen Beete werden heute wieder zunehmend durch natürlicher gestaltete Flächen ersetzt, auf denen sich Blüten neben Blättern, Gräser neben Blumen und gezüchtete neben natürlich vorkommenden Pflanzen entfalten dürfen. Damit sind also die Zeiten vorbei, in denen ein Beet beispielsweise ausschließlich aus rotblütigen Rosenstöcken bestand, sondern bunt ist wieder gefragt. Dennoch wird bei aller Vielfalt aber auch Wert auf eine harmonische Komposition aus Form und Farbe gelegt. Dies setzt eine genaue und langfristige Planung der Beete voraus, die nur auf diese Weise über lange Zeit attraktiv bleiben, sei es durch immergrüne Blätter, eine versetzte Blütezeit verschiedener Pflanzen oder durch Früchte, Samen und Formveränderungen im Jahresverlauf. „Monokulturen" sind definitiv passé, wodurch sich auch das Problem schneller Ausbreitungen von Krankheiten und Schädlingen verringert. Stattdessen lockt die größere Vielfalt in modernen Beeten nützliche Bestäuberinsekten und hübsche Schmetterlinge an.

Beete planen

Entwerfen Sie einen Pflanzplan für Ihre Beete. Beginnen Sie mit der Auswahl von kleinen immergrünen Bäumen und/oder Sträuchern, die dem Beet Höhe und Volumen verleihen, aber auch das gewünschte Motiv betonen. Füllen Sie anschließend mit dazu passenden Stauden und Zwiebelpflanzen auf, und ergänzen Sie diese durch geeignete Bodendecker. Lassen Sie dabei jedoch noch ein paar Stellen für besondere Gewächse frei. Überlegen Sie nun, welche Pflanzen zu welcher Jahreszeit ihre Pracht besonders entfalten, und füllen Sie die freien Flecken mit Zwiebelpflanzen oder Ein- und Zweijährigen auf, die das hübsche Gesamtbild in Zeiten aufrechterhalten, in denen die übrigen Pflanzen nicht blühen. Auf diese Weise verändert sich das Beet im Verlauf des Jahres immer wieder und hat so stets interessante Aspekte zu bieten.

→ Ein Blumenbeet auf einer Freifläche anlegen (siehe S. 6)
→ Eine Handvoll Samen für ein Bauerngartenbeet (siehe S. 30)
→ Ein buntes Beet im kühlen Schatten (siehe S. 31)
→ Gewürzpflanzen in einem geometrisch angelegten Beet (siehe S. 35)
→ Blumenmosaike in der Sonne (siehe S. 39)
→ Ein Beet in warmen Farben (siehe S. 43)
→ Ein Beet für den Hochsommer (siehe S. 45)
→ Ein Feuerwerk zum Abschied (siehe S. 50)
→ Blätter

Blätter

Es gibt eine ganze Reihe von Pflanzen, die vor allem deswegen angepflanzt werden, weil sie sehr hübsche Blätter haben. Diese können grün, blau, grau oder silber gefärbt sein, und viele haben außerdem eine gelbe, cremefarbene, weiße, rote, rosa oder orangefarbene Zeichnung oder einen andersfarbigen Rand.

Grundsätzlich unterscheidet man zwischen immergrünen Blättern, die auch im Winter an den Pflanzen bleiben, und wechselgrünen Blättern, die im Herbst absterben und später abfallen. Diese Unterschiede kann man sich gestalterisch zunutze machen, damit der Garten im Winter nicht allzu trostlos aussieht. Aber Pflanzen mit schönen Blättern eignen sich auch ausgezeichnet zum Hervorheben der Formen und Farben anderer Gewächse und bringen so Abwechslung ins Bild. Und die Herbstfarben bestimmter Sträucher und Bäume können schon allein einen Garten verzaubern.

→ Duftpflanzen
→ Variationen mit bunten Blättern (siehe S. 55)

Boden

Grundsätzlich unterscheidet man zwischen „fetten" und „mageren" Böden, also nährstoffreichen bzw. nährstoffarmen. Außerdem gibt es Unterschiede in der Wasserdurchlässigkeit und beim Säuregrad (alkalisch, neutral oder sauer). Diese Eigenschaften hängen von den jeweiligen Bestandteilen des Bodens ab, also wie viel und welche Art von Humus, Sand, Gestein etc. vorhanden ist.

Ein perfekter Gartenboden setzt sich aus 20% Lehm oder Ton, 40% Sand und 40% Humus zusammen. In diesem Fall muss er lediglich hin und wieder gedüngt werden. Oftmals überwiegt jedoch einer dieser Bestandteile: Ist er reich an Ton/Lehm, dann ist er sehr dicht und schwer und hält Feuchtigkeit lange. Er ist aber auch kaum luftdurchlässig und muss daher durch Untermischen von grobem Sand aufgelockert und durch Humus (Kompost) nährstoffreicher gemacht werden. Enthält er hingegen viel Sand/Kies, speichert er Wasser nur sehr schlecht und muss durch Einbringen von Lehm/Ton und zumeist auch Humus aufgebessert werden. Torf darf man nur untermischen, wenn der Boden gleichzeitig auch noch saurer werden soll.

Bodendecker

Wie der Name schon sagt, handelt es sich hierbei um Pflanzen, die durch ihre niedrige Wuchsform den Boden abdecken. Dadurch wird das Wachstum von Unkraut unterbunden, was die Bodendecker für den Gärtner besonders nützlich macht.

Die Pflanzen dienen aber auch zur Befestigung des Bodens, beispielsweise an Hängen, sowie zur Schaffung eines farbigen Untergrundes, der die Merkmale höherer Pflanzen besser zur Geltung bringt.
Im Prinzip ist es unwichtig, ob es sich bei einem Bodendecker um einen Strauch, eine Staude, eine Einjährige oder eine Steingartenpflanze handelt – wichtig ist nur, dass sie klein bleibt und sich seitwärts ausbreitet. Die ausdrücklich als Bodendecker angebotenen Gewächse sind in aller Regel überaus anspruchslos und passen sich an nahezu alle Gegebenheiten an, solange nur Boden und Sonneneinstrahlung ihren Grundbedürfnissen entsprechen. Zu beachten ist allerdings, dass sich manche Arten rasend schnell ausbreiten und dann auch an Stellen erscheinen, wo man sie gar nicht haben will.
→ Bodendecker setzen (siehe S. 59)

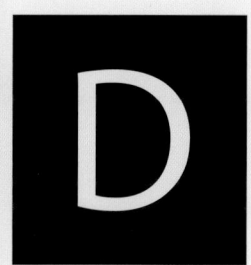

Drainage

Eine gute Drainage ermöglicht das zügige Abfließen von überschüssigem Regen- und Gießwasser in tiefere Erdschichten. Abgesehen von einigen Sumpfpflanzen vertragen es nur wenige Gewächse, wenn ihre Wurzeln über längere Zeit im Wasser stehen, sodass sie nur richtig wachsen, wenn der Boden gut durchlässig ist.

Wie lässt sich die Durchlässigkeit verbessern?

Zunächst sollte man das Gefüge des Bodens durch tiefes Umgraben auflockern. Bei Bedarf kann man Bausand oder Kies untermischen, was ein erneutes Verdichten verhindert. Ist der Boden dagegen zu wasserdurchlässig, fügt man Lehm- oder Tonerde hinzu. Bei staunassen Böden kann es unter Umständen aber auch notwendig sein, das gesamte Beet anzuheben. Dazu wird der Bodengrund auf mindestens einen Spaten tief ausgehoben. Dann verteilt man eine dicke Schicht Bausand, Kies oder feinen Schotter auf dem Grund und füllt anschließend mit dem Aushub wieder auf. Dadurch befindet sich die Oberfläche des Beetes nun deutlich über dem ursprünglichen Niveau. Zumindest in schwierigen Fällen sollte man sich aber zuerst von einem Gartenbauspezialisten beraten lassen. In der Regel ist es bei Weitem einfacher, die Pflanzen passend zu den örtlichen Gegebenheiten auszuwählen, als diese den Pflanzen anpassen zu wollen!

Duftpflanzen

Pflanzen mit besonders aromatisch duftenden Blättern.
Duft- oder Aromapflanzen werden häufig für pharmazeutische Zwecke (also wegen ihrer Wirkung als Heilmittel) und in der Kosmetikindustrie (für die Parfümherstellung), aber auch in der Küche verwendet. Typische Küchenkräuter sind Basilikum (*Ocimum* spp.), Lauch und Schnittlauch (*Allium* spp.), Minze (*Mentha* spp.), Oregano (*Origanum* spp.), Petersilie (*Petroselinum*), Salbei (*Salvia officinalis*), Thymian (*Thymus* spp.), aber auch Dill (*Anethus*), Bohnenkraut (*Satureja* spp.), Kamille (*Chamaemelum nobile*) und Kerbel (*Anthriscus*). Unter den Duftpflanzen gibt es zudem zahlreiche Sorten mit dekorativen Blättern und/oder Blüten, die nicht nur hübsch aussehen, sondern auch Schmetterlinge anlocken.
→ Gewürzpflanzen in einem geometrisch angelegten Beet (siehe S. 35)

Dünger

Nährstoffe für Pflanzen organischer oder mineralischer Herkunft.
Bei organischen Düngern handelt es sich um verrottetes Material pflanzlichen oder tierischen Ursprungs, das Pflanzen für ihr Wachstum nutzen. Bei anorganischen Düngern (Mineraldüngern) handelt es sich dagegen um pulverisiertes Gestein, aus dem einzelne Bestandteile sofort oder über einen längeren Zeitraum aufgenommen werden. Außerdem gibt es im Handel auch noch synthetisch hergestellte Düngemittel (Kunstdünger).

Zusammensetzung von Düngern

Dünger basieren in aller Regel auf drei Grundsubstanzen: den Elementen Stickstoff, Phosphor und Kalium. Daher findet man auf den Etiketten von Düngemitteln stets die Symbole N für Stickstoff, K für Kalium und P für Phosphor sowie Angaben zu deren prozentualen Anteilen. Ein Dünger mit der Angabe NKP 20-10-10 ist somit besonders stickstoffhaltig (20%). Stickstoff ist wichtig für die Entwicklung der Blätter, Phosphor trägt zur Blütenfülle bei sowie zur Bildung von Früchten und Samen, während Kalium besonders das Wachstum der Wurzeln fördert. Wichtig ist aber auch das Vorhandensein von Spurenelementen (Nährstoffen in winzigen Mengen) in einem Dünger, weil dadurch Mangelerscheinungen verhindert werden. In diesem Zusammenhang sollte man wissen, dass Rosen einen erhöhten Bedarf an Magnesium haben. Im Handel gibt es zahlreiche Dünger, die auf die spezifischen Bedürfnisse bestimmter Pflanzen oder Pflanzengruppen abgestimmt sind, beispielsweise Dünger für Rosen, Heidepflanzen usw.
Zu beachten ist, dass ein Zuviel an Dünger oder ungeeignete Produkte den Pflanzen erheblichen Schaden zufügen können und dass man ihn stets auf zuvor durchfeuchtete Erde geben muss!

Blumenbeet bis Dünger

Rund um das Blumenbeet

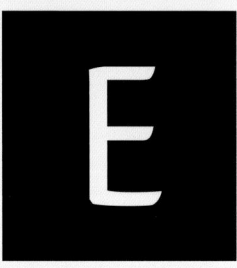

Einjährige Pflanzen

Eine Pflanze, deren vollständiger Lebenszyklus nicht über ein Kalenderjahr hinausgeht. In den meisten Fällen werden diese Pflanzen gegen Ende des Winters ausgesät, die besonders widerstandsfähigen schon im März, andere (Zinnien, Strohblumen, Kapkörbchen) aber auch erst später im Frühjahr, wenn sie dank der natürlichen Wärme schnell austreiben und wachsen können. Alle Einjährigen blühen im Sommer und Herbst.

Die am einfachsten zu kultivierenden Einjährigen

Für den Preis einer Tüte mit Samen bekommen Sie bei diesen Pflanzen eine reiche und lange anhaltende Blüte. Beispiele dafür sind Strand-Silberkraut (*Lobularia maritima*), Gartenfuchsschwanz (*Amaranthus caudatus*), Gartenringelblume (*Calendula officinalis*), Kalifornischer Kappenmohn (*Eschscholzia californica*), Bechermalve (*Lavatera trimestris*), Graue Meerviole (*Malcomia maritima*), Gartenaster (*Callistephus chinensis*), Chrysanthemen (*Chrysanthemum* spp.), Dreifarbige Winde (*Convolvulus tricolor*), Wunderblume (*Mirabilis jalapa*), Schmuckkörbchen (*Cosmos bipinnatus* und *sulphureus*), Strohblume (*Helichrysum* spp.), Sonnenblume (*Helianthus annuus*), Kapuzinerkresse (*Tropaeolum majus* und *minus*) und Studentenblume (*Tagetes patula*).

Pflanzfertige Einjährige

Wenn Sie schneller ein Ergebnis sehen möchten, können Sie natürlich auch im Gewächshaus vorgezogene, bereits blühende Pflanzen in Töpfchen verwenden: Begonien, Fleißiges Lieschen, Dahlien, Gazanien, Pelargonien, Sonnenwende, Eisenkraut, Ziertabak, Löwenmaul, Studentenblume, Petunien, Salbei und viele andere, die sich alle zum Füllen von Lücken in den Beeten anbieten.

→ Einpflanzen der Blumen (siehe S. 8)
→ Pflanzen aus Samen ziehen (siehe S. 14)
→ Vermehrung

Etiketten

→ Namen

Fraßschäden

Gehäuse- und Nacktschnecken

Weichtiere können enorme Schäden im Garten anrichten, vor allem an jungen Trieben und Knospen. Verschiedene Pflanzen wirken auf Schnecken fast wie ein Magnet, etwa Rittersporn, Funkien und Dahlien. Fernhalten kann man sie mit Schneckenkorn, das um die Pflanzen verstreut wird. Unter diesen gibt es besonders bitter schmeckende Produkte, bei denen es unwahrscheinlich ist, dass kleine Kinder oder Haustiere sich an ihnen vergreifen. Wenn es nicht zu viele Schnecken sind, reichen oftmals auch einige Bierfallen.

Kaninchen

Die an und für sich possierlichen Tiere können im Garten sehr schnell zu einem Ärgernis werden. Und haben sie sich erst einmal in einem Gebiet eingenistet, wird man sie nur sehr schwer wieder los. Im Fachhandel bekommt man mit chemischen Substanzen getränkte Schnüre, die man ganz dicht über dem Boden zwischen Pflöcken spannen kann und deren Geruch die Tiere dann abschreckt. Wenn Ihr Garten eingezäunt ist, können Sie den unteren Bereich zusätzlich mit feinmaschigem Kaninchendraht absichern, der allerdings auch 25 cm tief in den Boden reichen sollte, damit ein Untergraben verhindert wird.

→ Krankheiten und Schädlinge bekämpfen (siehe S. 20)

Frost

Pflanzen zeigen eine unterschiedliche Empfindlichkeit gegenüber Kälte. Während sehr widerstandsfähige Arten auch starken Frost überleben, sterben empfindlichere bereits bei geringen Minustemperaturen ab, weil das Wasser in den Zellen gefriert und diese dadurch platzen. Die Auswirkung von Temperaturen unter dem Gefrierpunkt hängt von mehreren Faktoren ab. Dazu gehört, wie plötzlich die Kälte einsetzt, aber auch, wie tief die Temperaturen sinken und wie lange der Frost anhält. Eine Rolle spielen außerdem der Temperaturverlauf innerhalb des Tages, Standortfaktoren wie Sonneneinstrahlung oder Beschaffenheit des Bodens und natürlich die Widerstandsfähigkeit und Gesundheit der einzelnen Pflanzen.

Wenn man frostempfindliche Pflanzen über den Winter bringen will, sucht man für sie zunächst einmal einen besonders geeigneten Standort aus, beispielsweise vor einer Südmauer. Außerdem sollte man frühzeitig auf den Winter vorbereitet sein und geeignetes Material zum Schutz der Pflanzen zur Hand haben. Bei Stauden reicht für diesen Zweck oftmals schon ein Haufen Laub, mit dem sie abgedeckt werden. Für Sträucher bieten sich Luftfolie oder im Handel erhältliche Schutzfolien an. Zu beachten ist unbedingt, dass auch die Wurzeln mit einer Schicht aus Laub oder

Mulch vor Frost geschützt werden müssen. Wird das Wetter wieder wärmer, muss man die Folien umgehend entfernen.
→ Sträucher vor Frost schützen (siehe S. 58)
→ Schnee und Eis (siehe S. 68)

Insekten

Greifen Sie nicht gleich zur Giftflasche, wenn Sie ein paar Insekten auf Ihren Pflanzen entdecken, sondern versuchen Sie, zwischen Schad- und Nutzinsekten zu unterscheiden. So fressen Marienkäfer beispielsweise Blattläuse und sollten daher stets willkommen sein. Wenn Ihre Pflanzen unter guten Bedingungen leben, es ihnen also weder an Nährstoffen noch Wasser fehlt und sie regelmäßig geschnitten und verjüngt werden, haben Sie das Risiko eines Massenbefalls durch Schadinsekten bereits erheblich verringert. Dennoch empfiehlt es sich, die Pflanzen regelmäßig auf Schadinsekten (und Pilzinfektionen) zu untersuchen, denn durch eine frühe Erkennung lassen sich schwerere Schäden und der massive Einsatz von Giften häufig vermeiden. Vorsichtshalber sollte man aber stets geeignete Spritzmittel zur Hand haben für den Fall, dass man sie doch einmal braucht.

Schadinsekten

Blattläuse sind kleine, sich vom Pflanzensaft ernährende Insekten, die zumeist in großer Zahl auftreten. Sie lassen sich oft schon mit einem schärferen Wasserstrahl oder mit Seifenlauge vertreiben.
Schildläuse, die häufig auch an der Unterseite von Blättern oder an Zweigen sitzen, sind leicht an dem harten, schwärzlichen oder braunen Schild zu erkennen, von dem das ganze Tier bedeckt ist. Schildläuse sind sehr widerstandsfähig und müssen mit speziellen Mitteln bekämpft werden, etwa mit Substanzen, die über die Blätter der Pflanze aufgenommen werden oder mit ölhaltigen Spritzmitteln, die bewirken, dass die Schädlinge ersticken.
Raupen der unterschiedlichsten Schmetterlinge befallen und fressen die Blätter zahlreicher Pflanzen. Man kann sie einfach absammeln, aber bei stärkerem Befall ist es auch möglich, ein biologisches Schädlingsbekämpfungsmittel auf Grundlage von *Bacillus thuringensis* einzusetzen.
Enchytreen Diese winzigen, weißen Larven der Pilzmücken leben im Boden und fressen an den Wurzeln von Pflanzen. Sie sollten schon während des Umgrabens mit einem geeigneten Mittel eliminiert werden.
Lilienhähnchen sind Käfer mit einer leuchtend roten Färbung. Sie befallen besonders Lilien und Kaiserkronen, deren Blätter und Knospen von den Larven dann oft völlig abgefressen werden. Regelmäßiges Absammeln ist hier in den meisten Fällen ausreichend.
Spinnmilben sind winzige Spinnentiere, die es gern warm und trocken haben und so viel Pflanzensaft saugen, dass befallene Pflanzen nicht selten absterben. Da zumeist geschwächte Exemplare befallen werden, ist eine gute Pflege die beste Vorbeugung; bei starkem Befall helfen aber oft nur chemische Bekämpfungsmittel.
→ Krankheiten und Schädlinge bekämpfen (siehe S. 20)

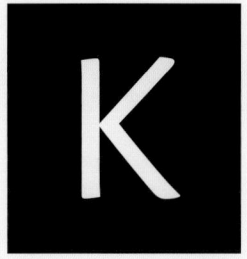

Kauf der Pflanzen

Wo kaufen?

Ziersträucher, Zwiebel- und Saisonpflanzen ebenso wie winterharte Gewächse gibt es in Gartencentern, Gärtnereien, Baumschulen oder direkt bei Pflanzenzüchtern. Aber da Sie auch per Katalog oder über das Internet bestellen können, haben Sie heute Zugang zu einem riesigen Angebot. Nehmen Sie sich jedoch in jedem Fall die Zeit, sich vor dem Kauf gründlich über die einzelnen Pflanzen zu informieren, und lesen Sie die Pflegeanleitungen oder lassen Sie sich vom Fachpersonal beraten. Spontankäufe sind die häufigste Ursache von Enttäuschungen.

Wann kaufen?

Heute kann man Pflanzen das ganze Jahr über kaufen, denn sie werden für genau diesen Zweck unter geeigneten Bedingungen herangezogen und in Stiegen oder Anzuchtschalen (flache Kästen, in der Regel aus Plastik, mit einer bestimmten Anzahl von Setzlingen in Erde) oder einzeln in kleinen Töpfchen, Multitopfplatten oder Säcken aus Plastik angeboten.
Hüten Sie sich jedoch vor Neuanschaffungen, kurz bevor Sie in Urlaub fahren oder in einer Zeit, in der Sie sich nicht um die neuen Pflanzen kümmern können. Andernfalls müssten Sie zumindest dafür sorgen, dass eine automatische Wasserversorgung die noch nicht richtig eingewachsenen Pflänzchen vor dem Vertrocknen bewahrt. Lassen Sie die Neukäufe auch nicht längere Zeit herumstehen, bis Sie diese schließlich an den vorgesehenen Ort

pflanzen, vor allem dann nicht, wenn sie sich in kleinen Töpfchen befinden.
Grundsätzlich sind Herbst und Frühjahr die besten Zeiten zum Pflanzen. Unter Umständen kann auch im Winter gepflanzt werden, allerdings nur, wenn kein Frost herrscht. Bei schwerem Boden ist das Frühjahr die beste Pflanzzeit, ist der Untergrund eher sandig und wasserdurchlässig, eignet sich der Herbst besonders gut. Weniger widerstandsfähige Gewächse und die oft etwas feuchtigkeitsempfindlichen Ziergräser setzt man im Frühjahr. Auf diese Weise haben sie dann ausreichend Zeit, sich auf ihren ersten Winter vorzubereiten.

Kletterpflanze

Diese Pflanzen breiten sich kletternd aus, sodass man ihnen etwas zum Festhalten (Rankgitter, Kletterhilfe) anbieten muss. Kletterpflanzen zeichnen sich vor allem durch ihre langen, dünnen, biegsamen Triebe aus, die sie suchend in alle Richtungen in die Luft strecken.

Wie wird's gemacht?

Bevor man eine Kletterpflanze vorschnell anbindet, sollte man sich vergewissern, wie sie sich eigentlich festhält. Wenn sie beispielsweise Haftwurzeln wie der Efeu besitzt oder Saugnäpfe wie der Wilde Wein, kann sie sich allein an einer kahlen Mauer festhalten. Anders verhält es sich jedoch, wenn sie nur einfache Ranken wie die Passionsblume hat, oder sich mit ihren Trieben um eine Unterlage windet wie die Clematis. Dann ist ein Spalier, ein Gitter oder eine andere Kletterhilfe aus Holz oder Metall erforderlich, bei der es sich auch um einen Laubengang, einen Pflanzenbogen oder eine Pergola handeln kann.

Es ist aber auch möglich, Kletterpflanzen an anderen Pflanzen emporklettern zu lassen, vor allem an Bäumen und Sträuchern. Hier muss allerdings beachtet werden, dass die Kletterer das Wachstum der Unterlage nicht behindern oder ihr Aussehen beeinträchtigen. Viele Kletterpflanzen machen sich darüber hinaus auch gut als Bodendecker, da sie sich, wenn keine Klettermöglichkeit vorhanden ist, flach auf dem Boden ausbreiten und so einen grünen Teppich bilden.

Langsam wachsende Arten

Viele Klettersträucher wachsen in einem eher gemächlichen Tempo, so z. B. Geißblatt (*Lonicera*), Clematis (*Clematis*), Wilder Wein (*Parthenocissus*) oder Glyzinien (*Wisteria*).

Schnell wachsende Arten

Wenn Sie eine Fläche schnell begrünen wollen, wählen Sie am besten Samen von einjährigen Kletterpflanzen, etwa Kapuzinerkresse, Prunkwinde, Feuerbohne oder panaschierten Hopfen.

Klima

Es ist sinnvoll, Gartenpflanzen auszusuchen, die von Natur aus an die vorhandenen klimatischen Verhältnisse angepasst sind, auch wenn die etwas exotischen Gewächse stets eine größere Verlockung darstellen.

Im deutschsprachigen Raum muss man zwischen mehreren regionalen Groß- und vielen ortsspezifischen Kleinklimaten unterscheiden. Im Norden haben Nord- und Ostsee einen erheblichen Einfluss auf die Temperaturunterschiede zwischen Sommer und Winter, die durch die Wassermassen vergleichsweise gering ausfallen. Sehr starker Frost ist selten, ebenso wie wirklich heiße Sommertage. Dafür kann der Wind lokal eine Rolle spielen.

Im Osten ist das kontinentale Klima etwas ausgeprägter als im Westen. Daher ist es dort im Sommer ein wenig trockener und im Winter etwas kälter. Das Wetter im Alpenvorland wird durch die Nähe der Alpen beeinflusst und kann so von heißen Sommern und kalten Wintern geprägt sein (der Bodenseeraum stellt allerdings so etwas wie eine Wärmeinsel dar). In den Bergen muss die Höhenlage beachtet werden, die auf die Strenge und Dauer des Winters sowie Regenmengen und jahreszeitliche Verteilung erheblichen Einfluss hat. Ortsansässige Gärtnereien können hierzu verlässlich Auskunft geben und Pflanzen empfehlen, deren Gedeihen besonders aussichtsreich ist.

Knolle

Unterirdisches Organ zur Nährstoffspeicherung bei bestimmten Pflanzen. Es dient dazu, Zeiten ungünstigen Wachstums zu überstehen und ein erneutes Austreiben zu ermöglichen, wenn sich die Bedingungen wieder verbessern.
→ Zwiebel

Kompost

Genau genommen ist Kompost nichts anderes als organisches Material, das sich vollständig zersetzt hat und nun eine Art Humuserde bildet, mit der sich der Nährstoffgehalt des vorhandenen Bodens verbessern lässt. Im Garten handelt es sich somit um eine Art Recyclingprodukt aus Gartenabfällen wie abgestorbenen Pflanzen, Blättern, Zweigen oder Rasenschnitt.

Anlegen eines Komposthaufens

Der beste Platz für einen Komposthaufen ist dort, wo man ihn nicht sieht und dennoch gut mit der Schubkarre erreichen kann. Hier werden Pflanzenabfälle abgeladen, allerdings nur, wenn sie frei von Pilz- oder Schädlingsbefall und Giftrückständen sind. Aber auch Unkräuter wie Winden, Quecken etc. gehören nicht auf den Komposthaufen. Um guten Kompost zu erhalten, werden trockene und feuchte Bestandteile gut durchgemischt, damit es zu einer gleichmäßigen Zersetzung kommt; Zweige sollten zuvor geschreddert werden. Wenn der Haufen etwa einen Meter Höhe erreicht hat, mischt man ihn gründlich durch (man „wendet" ihn), damit der Sauerstoff auch in die inneren Bereiche gelangt und die Zersetzung beschleunigen kann. Danach wird oben wieder neues Material abgelagert. Lassen Sie Ihren Haufen nicht austrocknen; bei lange anhaltender Trockenheit sollte er etwas gewässert und/ oder mit einer Plane abgedeckt werden (zu viel Wasser behindert allerdings die Zersetzung). Wurde alles richtig gemacht, erhält man nach einigen Monaten überaus wertvollen Humus, der dem Wachstum der Gartenpflanzen zugute kommt. Im Fachhandel sind darüber hinaus Kompostierer erhältlich, die besonders in kleinen Gärten mit wenig Platz sinnvoll sein können.

Krankheiten

Grundsätzlich gilt: Je besser Sie Ihre Pflanzen pflegen, desto widerstandsfähiger sind sie gegenüber Krankheiten. Dabei ist es besonders wichtig, dass sie weder unter Trockenheit noch übermäßiger Feuchtigkeit leiden müssen. Planen Sie Ihre Beete möglichst genau, und gestehen Sie jeder Pflanze den Raum zu, den sie für ein gesundes Wachstum benötigt.

Diagnose und Behandlung

Bei örtlich begrenzten Pilzinfektionen können Sie einfach die befallenen Blätter oder Zweige entfernen, vorausgesetzt es sind nicht allzu viele. Hat sich der Pilz bereits weiter ausgebreitet, wird man auf handelsübliche Fungizide zurückgreifen müssen. Ein häufiger Verursacher von Pilzkrankheiten ist der Echte Mehltau, der einen weißen, pelzigen Belag auf Blättern und Stielen bildet. Weitere phytopathogene Pilze sind der Rußtau (schwarze Flecken), der vor allem an Rosen auftritt, ebenso wie der Rost, der in Form rostbrauner Flecken sichtbar wird, und die Graufäule (*Botrytis*), die graue pelzige Beläge bildet. Erweist sich das Problem als hartnäckig, bleibt zumeist nur noch die Behandlung mit einem spezifischen Fungizid.
Pilzinfektionen dürfen nicht mit Mineralstoffmangel verwechselt werden, bei dem die Blätter oft ihre Farbe verlieren oder helle Flecken bekommen. Dieses Problem lässt sich mit Dünger aus der Welt schaffen, der besonders reich an Spurenelementen ist. Im Zweifelsfall sollten Sie einfach einen befallenen Pflanzenteil zu einer Gärtnerei bringen oder einen erfahreneren Gärtner um Rat fragen.

→ Krankheiten und Schädlinge bekämpfen (siehe S. 20)

Mehrfach blühende Pflanzen

Hierunter versteht man die Eigenschaft mancher Rosen und anderer Stauden, zweimal oder noch öfter in einem Jahr zu blühen.
Meistens genügt es, regelmäßig welke Blüten zu entfernen, regelmäßig zu wässern und während der Wachstumsphase zu düngen, um eine Pflanze, die mehrfach blühen kann, zum Anlegen neuer Blüten zu bringen. Einige müssen dazu aber auch bis auf den Grund abgeschnitten werden. Zu Letzteren gehören beispielsweise Stauden wie Schafgarbe, Lupine und Rittersporn.

→ Lassen wir sie nochmals blühen! (siehe S. 41)

Mulch

Hierbei handelt es sich um eine Schicht eines bestimmten Materials, das zwischen den Pflanzen eines Beetes auf den freien Flächen verteilt wird und Unkraut daran hindert, sich anzusiedeln, aber auch die Verdunstung der Feuchtigkeit aus dem Boden verlangsamt. Ist dieses Material biologisch abbaubar, wirkt es darüber hinaus als Dünger.
Als Material kann Kies, Sand, Kompost, geschredderte Baumrinde, Rasenschnitt, Stroh, gut abgelagerter Mist und vieles andere mehr verwendet werden.

Damit sich die erwünschten Effekte ergeben, ist eine Schicht von 7–8 cm Höhe erforderlich. Verteilt wird sie auf der von Unkräutern befreiten, vorzugsweise frisch umgegrabenen Erde.

→ Neu gepflanzte Beete pflegen (siehe S. 18)
→ Kampf der Trockenheit! (siehe S. 47)
→ Frost

Namen

Für alle Pflanzen gibt es eine wissenschaftliche Bezeichnung, die sich aus dem Gattungsnamen (z. B. *Camellia*) und dem Artnamen (z. B. *japonica*, „aus Japan") zusammensetzt.
Zusätzlich kann jede Art dann aber noch weiter in Unterarten, Varietäten oder Sorten unterteilt sein. Bei den Pflanzen bezeichnet „ssp." eine Unterart und „var." eine Varietät (z. B. *Geranium phaeum* var. *lividum*). Unterarten und Varietäten sind natürlichen Ursprungs; als Sorte bezeichnet man dagegen Pflanzen, die durch Züchtung entstanden sind. Der Name für eine Sorte wird stets in einfache Anführungszeichen gesetzt (z. B. *Camellia japonica* 'Adolphe Audusson').
Es ist sinnvoll, sich ein Register für seine Pflanzen anzulegen, in dem die Mindestangaben zu jeder Pflanze verzeichnet sind, also der Name der Gattung, der Art und gegebenenfalls auch noch der Varietät und Sorte. Pflanzen, die ohne diese Angaben angeboten werden, sollten Sie möglichst nicht kaufen, denn bei später auftretenden Problemen wissen Sie so nicht, wo Sie in Ih-

Rund um das Blumenbeet

ren Gartenbüchern nachschlagen oder zu welcher Pflanze Sie einen Fachmann befragen sollten.

Bei Rosensorten kann man oft auch noch erkennen, wem die Kreuzung gelungen ist, weil die ersten drei Buchstaben des entsprechenden Namens angegeben sind. So stammt die Rose 'André le Nôtre' *Meiceppus* beispielsweise von einem Züchter namens Meilland.

Damit Sie Ihr Gedächtnis nicht unnötig strapazieren müssen, sollten Sie Ihre Pflanzen etikettieren. Dazu sind im Fachhandel Steckschilder aus Plastik erhältlich, die Sie mit einem wetterfesten Filzstift beschriften und einfach zu der Pflanze in den Boden stecken. Ein nützliches Hilfsmittel ist auch ein Jahresplaner, in dem Sie alle Neuzugänge für die einzelnen Beete eintragen, ebenso wie die notwenigen Pflegemaßnahmen, etwa Düngen, Behandlungen gegen Krankheiten oder Bekämpfung von Schädlingen.

Pflanzabstand

Es gibt keine magische Formel für den richtigen Pflanzabstand zwischen zwei Exemplaren, denn der zu erwartende individuelle Umfang ist unter anderem auch von verschiedenen Standortfaktoren abhängig. Allerdings findet man oftmals Anhaltspunkte zum günstigsten Pflanzabstand auf Etiketten und in Gartenbüchern, sodass man sich daran orientieren kann. Stehen nur Angaben zur Wuchshöhe von zwei Pflanzen zur Verfügung, addiert man diese und teilt den Wert dann durch zwei. Die so erhaltene Zahl ergibt einen Pflanzabstand, der zumindest in den meisten Fällen ungefähr richtig sein sollte.

Pflanzenschnitt

Unter diesem Begriff werden Maßnahmen zusammengefasst, die eine Pflanze in einer bestimmten Form und Größe halten und sie zum weiteren Verzweigen oder erneuten oder verstärkten Blühen veranlassen, aber auch das völlige Abschneiden des gesamten oberirdischen Teils vor dem Winter.

Im Verlauf der Wachstumssaison wird man nicht umhinkommen, bei der einen oder anderen Pflanze korrigierende Maßnahmen zu ergreifen, damit sie nicht aus der Form gerät. Überlange, dünne („vergeilte") Triebe werden zurückgeschnitten, damit sich die Pflanze näher am Stamm oder Stängel verzweigt und dadurch schön buschig wird. Viele Pflanzen nehmen diese Behandlung klaglos hin, einige reagieren aber auch etwas empfindlich. Daher sollten Sie sich zuvor über die jeweiligen Eigenschaften informieren. Die Investition in eine Gartenschere von guter Qualität lohnt sich allemal.

→ Pflanzen vor dem Winter beseitigen? (siehe S. 63)

pH-Wert

Hierbei handelt es sich um die Abkürzung für pondus oder potentia Hydrogenii (Wasserstoff-Gewicht/Wasserstoff-Potenzial). Ausgedrückt wird damit das Verhältnis der im Boden gelösten Säuren und Basen, an dem man dann erkennen kann, ob ein Boden kalkhaltig (alkalisch) ist (pH über 7) oder auch neutral (pH um 7) oder sauer (pH unter 7). Aus diesen Werten lässt sich dann schließen, ob sich der Untergrund für eine bestimmte Pflanze gut eignet.

Grundsätzlich wählt man die Pflanze passend zu der im Garten vorhandenen Erde aus, nicht umgekehrt. Kleinere Korrekturen für empfindlichere oder anspruchsvollere Pflanzen lassen sich dann beim Setzen durch Untermischen einer Erde mit den entsprechenden Eigenschaften durchführen.

pH-Wert messen

Zum Messen des pH-Wertes benutzt man am besten mit einer speziellen Flüssigkeit getränkte Teststreifen, die überall im Handel erhältlich sind. Für die Messung wird ein wenig der zu untersuchenden Erde in destilliertem Wasser zu einem dünnen Schlamm verrührt und anschließend ein Teststreifen eingetaucht, der sich dann verfärbt. Und aus dieser Farbänderung kann man anhand der mitgelieferten Vergleichstabelle dann den ungefähren pH-Wert ermitteln. Eine andere Möglichkeit sind handelsübliche Testkits, die aus einer Reaktionsflüssigkeit bestehen sowie einer Pipette, mit deren Hilfe einige Tropfen davon in ein Reagenzglas mit aufgeschlammter Erde gegeben werden. Und schließlich gibt es noch elektronische pH-Meter, die naturgemäß viel präziser, aber auch erheblich teurer sind. Als Gärtner benötigt man so genaue Werte aber eigentlich nicht. Je weiter der festgestellte Wert von pH 7 entfernt liegt, desto saurer (torfiger) bzw. alkalischer (kalkhaltiger) ist der Boden.

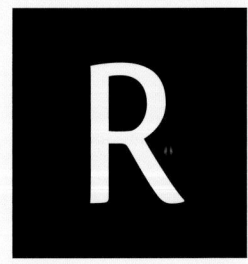

Rasenkanten

Die Ränder von Rasenflächen lassen sich gut mit flach verlegten Ziegelsteinen auf der Höhe des Bodens abgrenzen. Auf diese Weise wird das Mähen entlang der Kanten erheblich erleichtert und das Einwachsen der Randbepflanzung in die Rasenfläche erschwert.

Trotzdem kann es bis zu zweimal jährlich erforderlich sein, die Kanten der Rasenflächen sauber nachzustechen, damit sich das Gras nicht in die Beete ausbreitet. Zu diesem Zweck legt man am besten einen kleinen Graben direkt hinter der Ziegelreihe an.

→ Ein Blumenbeet auf einer Freifläche anlegen (siehe S. 6)
→ Saubere Rasenkanten (siehe S. 51)
→ Eine Rabatte im Schatten (siehe S. 54)

Samen

Das Samenkorn dient der Fortpflanzung, denn aus ihm kann sich eine neue Pflanze entwickeln. Welche Bedingungen dazu erforderlich sind, hängt von den individuellen Ansprüchen der jeweiligen Art ab. Im Gegensatz zur vegetativen Vermehrung über Stecklinge, Wurzelteilung, Abmoosen oder Veredeln entstehen hierbei allerdings keine exakten Ebenbilder der Mutterpflanze, sondern eine Mischung aus den Erbanlagen der beiden beteiligten Elternpflanzen.

Samen, die gewöhnlich erheblich preiswerter sind als vorgezogene Pflänzchen, bieten sich vor allem für Ein- und Zweijährige an. Sie werden direkt an der vorgesehenen Stelle verteilt, und eine Weile später kann man sich dann an den neuen Pflanzen erfreuen. Saatgut muss in aller Regel trocken und nicht zu warm gelagert werden. Außerdem haben die meisten Samen eine nur begrenzte Haltbarkeitsdauer, sodass man auf das Verfallsdatum auf der Verpackung achten muss.

Verschiedene Pflanzen säen sich selbst aus, sodass man sie normalerweise nur einmal ansiedeln muss. Hierzu gehören bestimmte Ein- und Zweijährige, die sich auf den ersten Blick wie Stauden verhalten, da sie jedes Jahr erneut erscheinen. Es sind aber tatsächlich nicht dieselben Exemplare, sondern neue, die aus den gebildeten Samen stammen. Auf diese Weise erhalten sich die Bestände von Ringelblume (*Calendula*), Wunderblume (*Mirabilis jalapa*), Jungfer im Grünen (*Nigella damascena*) Fingerhut (*Digitalis*), Vergissmeinnicht (*Myosotis*), Schleifenblume (*Iberis*), Mohn (*Papaver rhoeas*), Königskerze (*Verbascum*), Zittergras (*Briza*), Kornrade (*Agrostemma githago*), Kamille (*Matricaria*), Löwenmaul (*Antirrhinum*) und Resede (*Reseda odorata*) häufig ohne weiteres Zutun.

Zu den sich selbst durch Samen verbreitenden Stauden gehören Rasselblume (*Catananche caerulea*), Akelei (*Aquilegia vulgaris*), Kronen-Lichtnelke (*Silene coronaria*), Sterndolde (*Astrantia*), Glockenblume (*Campanula persicifolia*), Euphorbien (*Euphorbia* spp.), Malven (*Malva* spp.), Nachtkerzen (*Oenothera* spp.), Primeln (*Primula* spp.) und die Stockrose (*Alcea rosea*).

→ Pflanzen aus Samen ziehen (siehe S. 14)
→ Eine Handvoll Samen für ein Bauerngartenbeet (siehe S. 30)
→ Einjährige Pflanzen
→ Stauden
→ Zweijährige Pflanzen

Sonneneinstrahlung

Die Sonneneinstrahlung beeinflusst das Wachstum und das Wohlbefinden einer Pflanze in hohem Maße.

Dabei können die Ansprüche aber durchaus unterschiedlich sein. So gibt es Pflanzen, die Schatten bevorzugen, während andere lieber im Halbschatten oder in der Sonne wachsen. Schatten liefern vor allem Bäume und hohe Sträucher, aber auch Hauswände oder Mauern. Schatten bedeutet dabei jedoch keineswegs „völlig dunkel", denn selbst Schatten liebende Pflanzen brauchen Licht; sie vertragen nur keine pralle Sonne.

Der Standort im Verhältnis zum Verlauf der Sonne ist besonders im Winter wichtig. Pflanzen mit empfindlichem Blattwerk wie Hortensien und Kamelien, die im Winter vor einer nach Osten weisenden Mauer stehen, können durch die Morgensonne und den dadurch verursachten schnellen Temperaturanstieg geschädigt werden. Dagegen ist eine Südmauer zumeist ein guter Platz für kälteempfindliche Pflanzen, während er sich für andere nicht selten als viel zu warm erweist.

Spalier

Ein Spalier ist eine gitterartige Konstruktion, die vor allem solchen Kletterpflanzen als Untergrund dient, die selbst keine Haftorgane haben, mit denen sie sich auf einer relativ glatten Oberfläche (z. B. an einer Mauer) festhalten können.

Daher muss man beispielsweise die Haupttriebe von Kletterrosen oder auch Passionsblumen locker mit einem weichen Material (z. B. Bast) an einem Spalier festbinden oder sie durch vorhandene Lücken einer Kletterhilfe leiten. Achten Sie dabei aber unbedingt auf eine seitliche, fächerförmige Ausbreitung der Triebe. Spaliere sollten nur freistehen, wenn sie solide im Boden verankert sind, ansonsten müssen sie fest an einer Wand oder Ähnlichem befestigt sein.

→ Spaliere und Stützhilfe (siehe S. 33)
→ Stützen

Stauden

Stauden verholzen im Gegensatz zu Sträuchern nicht, sind aber ebenfalls mehrjährig. Diese Eigenschaft ist allerdings nicht mit winterhart gleichzusetzen und auch nicht mit besonders widerstandsfähig. Zu den Stauden gehören beispielsweise Sonnen-

Pflanzabstand bis Stauden

röschen, Heidekraut, Zwiebelpflanzen, Farne und Gräser.
→ Einpflanzen der Blumen (siehe S. 8)
→ Ein buntes Beet im kühlen Schatten (siehe S. 31)
→ Ein Feuerwerk zum Abschied (siehe S. 50)

Sträucher

Pflanzen mit sich verholzenden Teilen (Stamm, Äste oder Zweige), die zusammen einen verzweigten Busch bilden, der normalerweise nicht höher als 3 – 5 m wird. Ziersträucher brauchen zumeist nur sehr wenig Pflege, und sie sind in der Regel recht langlebig. Viele bieten außerdem das ganze Jahr über attraktive Blüten und/oder dekorative Blätter. Beim Setzen ist eine einmalige Gabe von Komposterde und Dünger erforderlich.
→ Sträucher pflanzen (siehe S. 12)
→ Sträucher vor Frost schützen (siehe S. 58)

Stützen

Viele gut gepflegte Pflanzen wachsen ständig in die Höhe, und wenn es sich dabei um Arten mit relativ schlanken Stängeln handelt, etwa Rittersporn, große Dahlien oder bestimmte Schafgarben, kommt der Tag, an dem man ihnen helfen muss, damit sie nicht umfallen oder abbrechen.
Natürlich sollte dies bereits geschehen, bevor der Ernstfall eintritt. Und weil es beim Verankern der Stütze im Boden leicht zu Verletzungen der unterirdischen Pflanzenteile kommen kann, bringt man die Stützen am besten schon beim Setzen der Pflanze mit an. Wie diese Hilfen beschaffen sein müssen, hängt davon ab, wie groß die Pflanze werden kann. Wenn Sie nachträglich eine Stütze anbringen müssen, drücken Sie diese ohne Anwendung grober Gewalt in den Boden, damit das Wurzelwerk nicht ernsthaft beschädigt wird. Binden Sie die zu stützenden Teile nur sehr locker an, weil diese im weiteren Verlauf noch an Durchmesser zunehmen. Ist die Schlinge dann zu eng, kann es zu Schädigungen an der Pflanze kommen.
Als Stützen eignen sich verzweigte Äste, Bambusstangen, Armiereisen oder auch die im Handel angebotenen Hilfen. Gut angebrachte Stützen sind in der umgebenden Vegetation kaum zu erkennen.
→ Spalier

Teilen
→ Vermehrung

Topiari

Mit diesem Begriff bezeichnet man in eine bestimmte Form geschnittene Pflanzen. Hierzu bieten sich vor allem dicht belaubte Sträucher an, die einen starken Rückschnitt nicht übel nehmen, also beispielsweise Buchsbaum oder Eibe.
Klassische Topiari sind geometrische Formen wie Kugel, Kegel, Zylinder, Würfel und Wendel. Allerdings sind der Fantasie des Gärtners hier kaum Grenzen gesetzt. „Heckentiere" gehören ebenfalls zu den Topiari.
→ Buchsbaum-Topiari (siehe S. 62)

Umgraben

Das Auflockern des Bodens auf eine gewisse Tiefe mit einem Spaten oder einer Grabgabel. Soll nur die Oberfläche aufgelockert werden, nimmt man normalerweise eine Gartenkralle oder Hacke.
Diese vorbereitende Maßnahme vereinfacht das Setzen der Pflanzen und erleichtert ihnen das Einwurzeln ins Erdreich. Bei großen Flächen und hartem, trockenem Boden bietet sich ein Motorpflug an.
→ Neu gepflanzte Beete pflegen (siehe S. 18)

Umpflanzen

Hierunter versteht man das Umsetzen einer Pflanze an einen anderen Platz. Dabei kann es sich um das Auspflanzen von Exemplaren handeln, die in Töpfen gekauft oder anderweitig vorgezogen wurden, aber auch um das Ausgraben einer bereits im Garten verwurzelten Pflanze.

Wie wird's gemacht?

Soll eine Gartenpflanze umgesetzt werden, wählt man dafür möglichst einen nicht zu warmen Tag nach Regenfällen und vor Beginn der Wachstumsphase der betreffenden Pflanze. Ist das nicht möglich, muss man den Boden zunächst durch ausgiebiges Wässern vorbereiten. Wichtig ist, so viel wie möglich vom Wurzelstock der zu versetzenden Pflanze zu erhalten, sodass man am besten ungefähr entlang des äußeren Umfangs des oberirdischen Teils mit dem Ausgraben beginnt, also auf keinen Fall direkt an ihrem Ansatz. Eine Grabgabel ist dazu besser geeignet als ein Spaten. Das

neue Pflanzloch sollte zu diesem Zeitpunkt natürlich schon angelegt sein.
Beim Auspflanzen von Exemplaren, die in einem größeren Behälter vorgezogen wurden, hebt man die Jungpflanzen behutsam mit einer kleinen Pflanzschaufel und reichlich Erde heraus. Der richtige Zeitpunkt dafür ist gekommen, wenn die Pflanzen schon mindestens zwei richtige Blätter ausgetrieben haben.

Unkraut

Egal ob einheimisch oder eingeschleppt, Unkraut hat die Eigenschaft, sich schnell auszubreiten. Dabei macht es den Zierpflanzen nicht nur den Platz streitig, sondern es stört auch das Erscheinungsbild eines Beetes ganz erheblich.
Bei Unkräutern lassen sich zwei Gruppen unterscheiden. Zunächst einmal sind die ein- und zweijährigen Arten zu nennen, die sich über Samen verbreiten, etwa Vogelmiere oder Hirtentäschelkraut. Daneben gibt es aber auch Stauden, die sich durch ständige Ausbreitung ihrer Wurzeln schnell zusätzliches Territorium erobern. Typisch dafür sind Quecke, Winde oder Zaunrübe.

Wie wird's gemacht?

Bei den Unkräutern, die sich über Samen verbreiten, reicht ein manuelles Entfernen mithilfe einer Gartenhacke. Bei größeren, noch unbepflanzten Flächen sollte man anschließend eine Schicht Mulch aufbringen. Wenn Sie es allerdings mit scheinbar unverwüstlichen Stauden zu tun haben, muss man auch die Wurzeln vollständig zerstören, was sich oft nur mit einem Unkrautvernichtungsmittel erreichen lässt. Das Mittel darf dabei natürlich nur auf die unerwünschten Pflanzen gelangen. Wählen Sie einen Tag ohne Wind und ohne die Aussicht auf Regen, und schirmen Sie Ihre kostbaren Beetpflanzen ab, etwa mit Papprohren oder einen Eimer ohne Boden, die man über die Zielpflanze stülpt, bevor dann mit dem Sprühen begonnen wird. Sie selbst sollten dabei einen Atemschutz tragen und natürlich Kinder und Haustiere fernhalten. Nach einem Monat ist das Herbizid abgebaut und das Unkraut vollständig zerstört, sodass Sie nun die Reste entfernen und die freien Stellen bepflanzen können.
Mechanisch entfernte oder die Reste chemisch vernichteter Unkräuter dürfen natürlich nicht auf den Kompost!
→ Neu gepflanzte Beete pflegen (siehe S. 18)
→ Mulch

Urlaubsvorbereitungen

Bevor Sie sich für mehrere Wochen in den Sommerurlaub aufmachen, sollten Sie dafür sorgen, dass Sie bei Ihrer Rückkehr keine böse Überraschung erleben.
Mähen Sie noch einmal den Rasen, und entfernen Sie alle welken Blüten. Wässern Sie reichlich, und mulchen Sie (z. B. mit dem Rasenschnitt) vorsichtshalber um Pflanzen herum, die besonders empfindlich auf Trockenheit reagieren. Wenn Sie niemanden haben, der sich zwischendurch um Ihren Garten kümmern kann, empfiehlt sich das Verlegen einer programmierbaren automatischen Bewässerungsanlage.

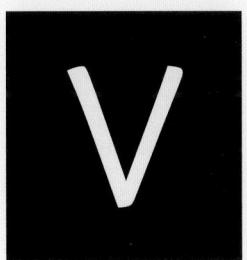

Vermehrung

Aus einer einzelnen Pflanze mehrere Exemplare zu machen und so den Bestand ohne weitere Investitionen zu vergrößern gehört zu den größten Freuden des Gärtners. Dazu bieten sich mehrere Verfahren an, die sich in zwei Kategorien unterteilen lassen: die vegetative und die sexuelle Vermehrung, wobei man nur im erstgenannten Fall exakte Abbilder der Ursprungspflanze erhält.

Stecklinge

Hierbei handelt es sich um das Abtrennen eines Triebes oder Wurzelstücks, das in feuchte, gut durchlässige Komposterde gesteckt wird, wo es Wurzeln treibt, sodass man schließlich eine neue Pflanze bekommt. Auf diese Weise lassen sich viele Sträucher und Stauden vermehren, aber auch Bäume. Die besten Zeiten dafür sind die Phasen natürlichen Wachstums, also beispielsweise der Anfang des Sommers oder das Ende des Herbstes, sofern es sich um Hartholzstecklinge handelt. Im Fachhandel findet man verschiedene Wurzelhormone in Pulverform, die den Austrieb von Wurzeln fördern und die Erfolgsaussichten dadurch erhöhen.

Absenker

Bei dieser Form der vegetativen Vermehrung von Sträuchern biegt man im Frühjahr einfach einen in Bodennähe wachsenden jungen Zweig herunter und fixiert ihn in einer flachen Erdmulde. Im Verlauf von mehreren Monaten bildet er dort Wurzeln, sodass man ihn schließlich von der Mutterpflanze abtrennen kann. Auch hier ist ein Wurzelhormon oft hilfreich.

Teilung

Diese Art der Vermehrung ist besonders einfach, denn sie besteht lediglich aus dem Zerteilen eines Wurzelstocks mit einem scharfen Spaten oder einer Gartenschere. Die so erhaltenen Stücke werden dann umgehend wieder eingepflanzt. Wenn sich die Teile nach dem Schneiden nicht gut voneinander trennen lassen, helfen zwei Grabgabeln, die man Rücken an Rücken an der Schnittstelle ansetzt und dann gegeneinanderdrückt. März/April eignen sich für die Teilung von Stauden, die im Sommer und Herbst blühen. Im August/September können Stauden geteilt werden, die im

Frühjahr blühen. Der Winter eignet sich für die Teilung bestimmter Sträucher, beispielsweise Hortensien.

Aussaat

Hierbei handelt es sich um die einzige Form der sexuellen Vermehrung, die in Gärten üblich ist. Sie besteht darin, dass der Gärtner Saatgut in die Erde bringt, dass die Samen dort auskeimen und sich zu gesunden Pflanzen entwickeln können. Zur richtigen Vorbereitung gehören das Umgraben und Harken der Pflanzstelle, das Anreichern des Bodens, sofern erforderlich, das Verteilen des Saatgutes, beispielsweise in Pflanzlöchern oder auch einfach durch Auswerfen und anschließendes Bedecken (Zuharken) mit einer dünnen Erdschicht. Danach folgt noch ein leichtes Andrücken mit dem Rücken der Harke und reichliches Angießen.

→ Pflanzen aus Samen ziehen (siehe S. 14)
→ Eine Handvoll Samen für ein Bauerngartenbeet (siehe S. 30)

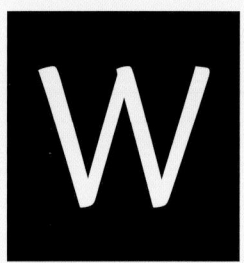

Wässern

Im Garten kommen die folgenden Bewässerungsmethoden zum Einsatz:
– mit der Gießkanne (mit oder ohne Brauseaufsatz) oder einem Gartenschlauch,
– mit einem Flächenregner (Schwing- oder Drehmethode),
– mit einem speziellen Bewässerungsset, zu dem ein Tropfschlauch gehört, der zickzackartig auf dem Beet verlegt wird.

Wie wird optimal gewässert?

Es ist stets günstiger, seltener und dafür reichlich als häufig und weniger zu wässern. Grundsätzlich werden die Pflanzen im Wurzelbereich gegossen, also nicht etwa auf den Blättern, weil dies oft Krankheiten begünstigt. Bei einer fest installierten Bewässerungsanlage kann eine programmierbare Steuereinheit diese Aufgabe weitestgehend übernehmen, wenn man nicht zu Hause ist.

Im Sommer wird gewässert, wenn es nicht zu heiß ist, also vor allem abends oder morgens, weil dann weniger Wasser durch Verdunstung verloren geht. Ein Aufhacken der Oberfläche ermöglicht es dem Gießwasser, sofort zu versickern. Und um den Wasserverlust des Bodens anschließend möglichst gering zu halten, kann man zusätzlich eine Mulchschicht aufbringen.

Das Auffangen von Regenwasser zum Gießen des Gartens lohnt auf jeden Fall. Am einfachsten stellt man dazu Tonnen unter Regenrinnen.

→ Jungpflanzen wässern (siehe S. 16)
→ Kampf der Trockenheit! (siehe S. 47)

Winterhart

Mit diesem Begriff (oder auch mit frosthart) werden Pflanzen bezeichnet, denen Frost nichts ausmacht. Der Grad an Frostverträglichkeit ist jedoch sehr unterschiedlich und sollte bei Auswahl der Pflanzen und des Standortes unbedingt berücksichtigt werden, wenn man über viele Jahre hinweg Freude an ihnen haben will.

Unterschiede in der Frostverträglichkeit

Pflanzen, die auch schweren Frost schadlos überstehen, gelten als „sehr winterhart". Solche, denen Temperaturen von bis zu –10 °C nichts ausmachen, sind „winterhart". Als „bedingt winterhart" gelten Gewächse, die Temperaturen zwischen –3 und 0 °C noch überstehen, und alle, die schon bei Werten um 0 °C absterben, sind „frostempfindlich".

→ Frost

Winterschutz

→ Frost

Ziergräser

Zu dieser Pflanzengruppe gehören zahlreiche Arten mit hohem Dekorationswert für den Garten. Außerdem kann mit ihrer Hilfe eine „wilde" und natürliche Komponente in ein Beet bringen, ganz abgesehen davon, dass sich die Pflanzen an windigen Tagen auch noch sehr anmutig bewegen. Viele Ziergräser bilden überaus hübsche, teils farbenprächtige Blütenstände, während andere durch ihre eleganten Blätter bestechen, die auch nicht unbedingt grün sein müssen, sondern oft sogar mehrfarbig sind. Und bei einigen Gräsern findet im Herbst zusätzlich ein herrlicher Farbwechsel statt.

Wie wird's gemacht?

Man pflanzt oder teilt Ziergräser vorzugsweise im Frühjahr, weil sie die Feuchtigkeit des Winters normalerweise nicht mögen. Im Frühling können sie sich dagegen erst einmal ungestört verwurzeln. Verschiedene Arten sind einjährig und breiten sich über Samen aus, etwa Mähnengerste (*Hordeum jubatum*), Zittergras oder Hasenschwanzgras (*Lagurus ovatus*). In Versandhauskatalogen finden sich unter der Überschrift „Ziergräser" gelegentlich auch Pflanzen mit grasartiger Gestalt, die aber tatsächlich keine echten Gräser sind, beispielsweise Binsen (*Juncus*), Seggen (*Carex*) oder Schachtelhalme (*Equisetum*).

→ Die Schönheit von Gräsern (siehe S. 52)

Zubehör

Zur Pflege der Pflanzen im Garten werden zwangsläufig einige Werkzeuge benötigt.

1. Gartenhacken dienen zum Auflockern der Erdoberfläche und sind zum Unkrautjäten unverzichtbar.

2. Spaten benutzt man zum mehr oder weniger tiefen Umgraben des Bodens, zum Untermischen von Kompost und Dünger und zum Ausheben größerer Pflanzlöcher.

3. Grabgabeln eignen sich gut zum Umgraben von schweren oder stark verdichteten Böden sowie zum Wenden des Komposthaufens.

4. Gartenkrallen werden zum Auflockern der Bodenoberfläche und zum Harken kleinerer Flächen eingesetzt.

5. Pflanzschaufeln benutzt man zum Ausheben kleinerer Pflanzlöcher.

6. Gartenscheren nimmt man für den Pflanzenschnitt. Hier zahlt sich eine gute Qualität besonders aus.

Zweijährige Pflanzen

Eine Pflanze, deren vollständiger Lebenszyklus sich über zwei Kalenderjahre erstreckt. Zweijährige Pflanzen werden im Sommer ausgesät und blühen dann im darauf folgenden Frühjahr. Hierzu zählen z. B. Gänseblümchen (*Bellis perennis*), Vergissmeinnicht (*Myosotis alpestris*), Stiefmütterchen und Veilchen (*Viola* spp.), Goldlack (*Erysimum*) und Levkojen (*Matthiola*), Nelken (*Dianthus barbatus*), Silberblatt (*Lunaria annua*), Fingerhut (*Digitalis purpurea*) und Islandmohn (*Papaver nudicaule*). Im Herbst findet man diese zumeist auspflanzbereit in Töpfchen in Gärtnereien. Zweijährige sind für eine frühe Blütenpracht im Garten von größter Bedeutung.

→ Einpflanzen der Blumen (siehe S. 8)
→ Pflanzen aus Samen ziehen (siehe S. 14)
→ Zwiebelpflanzen und zweijährige Frühlingsblumen kombinieren (siehe S. 27)

Zwiebel

Zwiebeln sind Speicherorgane der Pflanzen, aus denen sich, ähnlich wie aus einem Samenkorn, eine neue Pflanze entwickeln kann. Aufgebaut sind sie aus einem stark gestauchten Spross, einer Zwiebelscheibe, aus der die Wurzeln sprießen, und verdickten Schuppenblättern, die der Speicherung dienen.

Der Begriff „Zwiebel" wird unter Gärtnern aber oft auch für eine Reihe anderer Speicherorgane benutzt, etwa für Knollen, z. B. von Dahlien, oder auch für Rhizome. Erwerben sollten Sie nur unversehrte Zwiebeln ohne Anzeichen von Erkrankungen oder Schädlingsbefall, und auch wenn Zwiebeln in ihrer Verpackung bereits begonnen haben, sichtbar auszutreiben, sollten Sie vom Kauf absehen. Beachten Sie beim Setzen unbedingt die empfohlene Pflanztiefe, die zumeist auf dem Etikett angegeben ist.

Zwiebeln und Jahreszeiten

Man unterscheidet zwischen Frühjahrszwiebeln, die im Herbst gesetzt werden (z. B. Tulpen, Narzissen, Traubenhyazinthen, Hyazinthen, Krokus), und Sommerzwiebeln, deren Pflanzzeit im Frühjahr liegt (z. B. Dahlien, Blumenrohr, Gladiolen, Kaphyazinthen und Begonien). Dann gibt es noch Zwiebelpflanzen mit einer Blüte im Herbst (z. B. Nerine, Alpenveilchen und Herbstzeitlose), die man gegen Ende des Sommers setzt.

Wachstumsbedingungen

Allgemein gilt, dass Zwiebelpflanzen für staunasse Böden ungeeignet sind, weil die Zwiebeln dort verfaulen. An einem solchen Standort (z. B. in der Nähe eines Wasserlaufes) oder in Gebieten mit sehr viel Regen im Herbst und Winter muss man die Beete mit einer Drainageschicht aus grobem Sand versehen.

→ Zwiebeln setzen (siehe S. 10)
→ Lilien für den Sommer pflanzen (siehe S. 26)
→ Zwiebelpflanzen und zweijährige Frühlingsblumen kombinieren (siehe S. 27)
→ Ein Blütenmeer aus Zwiebeln (siehe S. 28)
→ Zwiebeln für den Sommer setzen (siehe S. 29)

Wässern bis Zwiebel

Register

Abmoosen 111
Achillea 41
Alchemilla mollis 72
Anemone 28, 53, 72
Anemone 28, 53, 72
– *blanda* 28
– 'White Splendour' 28
– *hupehensis* 53, 72
– – 'Hadspen Abundance' 72
– – 'Honorine Jobert' 72
– – 'Pamina' 72
Anthemis tinctoria 73
– 'E. C. Buxton' 73
– 'Grallagh Gold' 73
– 'Sauce hollandaise' 73
Antirrhinum 39, 43
– *majus* 73
– – 'Madame Butterfly' 73
– – 'Précurseur' 73
– – 'Tom Pouce' 73
Argyranthemum 40
Arctotis 45
Artemisia 55, 74
– 'Powis Castle' 55, 74
– *dracunculus* 35
– *ludoviciana* var. *latitoba* 74
– *pontica* 75
– *stelleriana* 74
Aster 50, 74
– *dumosus* 74
– – 'Alice Haslam' 74
– *novae-angliae* 50, 74
– – 'Alma Pötschke' 74
– – 'Constance' 74
– – 'Herbstschnee' 74
– – 'Purple Dome' 74
– *novii-belgii* 50, 74
– – 'Fellowship' 74
– *pringlei* 'Monte-Cassino' 74
Aster 50, 74

– Glattblatt- 50
– Neuengland- 50
Astrantia major 38
Athyrium filix-femina 54
Auslichten 30
Aussaat 14, 30, 76

Baldrian 41
Bärenohr 45
Beete 6, 30, 31, 35, 50, 51, 54, 102
Begonia 75
– 'Bertini' 75
– 'Dragon Wing' 75
– *grandis* 75
– x *tuberhybrida*
– – 'Picotee' 75
Begonie 29, 75
– Knollen- 29
Beifuß 55, 74
Bellis perennis 27
Belüftung des Bodens 10
Bergenia 'Pugsley Pink' 57
Bergenie 57
Bergminze 63
Berufkraut 41
Bidens 40
Birke 64
Blätter 102
– panaschierte 55
– Zier- 55, 57
Blattläuse 20
Blumenrohr 29, 77
Boden 102
Bodendecker 59, 102
Buchsbaum 46, 62, 76
Buddleia davidii 75
– 'Lochinch' 75
– 'Nanho' 75
– 'Pink Delight' 75

Buntnessel 40
Buxus sempervirens 46, 62, 76
– 'Argentea' 76
– 'Elegans' 76
– 'Suffructicosa' 76

C

Calamagrostis 'Karl Foerster' 52
Calendula officinais 76
– 'Fiesta Fitana' 76
– 'Kablouna' 76
– 'Prince Indien' 76
Campanula 46, 77
– *persicifolia* 46
– – 'Alba' 46
– *poscharskyana*
– – 'Lisduggan Variety' 77
– – 'Stella' 77
Canna 77
– 'Assaut' 77
– 'Lucifer' 77
– 'Panach' 77
– 'Tropicanna' 77
Centaurea hypoleuca 78
– – 'John Couts' 78
– *montana* 41, 78
Centranthus ruber 41
Chamaecyparis lawsoniana 'Winston
    Churchill' 67
Chinaschilf 63, 92
Christrose 65, 69, 85
Chrysantheme 53, 78
Chrysanthemum 78
– 'Anne Lady Brockett' 78
– 'Bronze Elegance' 78
– 'Kaiser von China' 78
– 'Nantyderry Sunsine' 78
– *tricolor* 30
Coreopsis 41, 45, 79
– *grandiflora*

– – 'Lichstadt' 79
– – 'Mayfield Giant' 79
– – 'Sunray' 79
– *verticillata*
– – 'Grandiflora' 45
– – 'Moonbeam' 79
Cornus alba 'Sibirica' 67
Cosmos bipinnatus 79
– – 'Psyché' 79
– – 'Sea Shells' 79
– – 'Vega' 79
– *sulphureus* 79
– – 'Cosmic' 79
– – 'Sunset' 79
Crocosmia 'Lucifer' 43
Crocus 69, 80
– *tommasiniatus* 69
– *vernus* 80
– – 'Flower Record' 80
– – 'Jeanne d'Arc' 80
– – 'Pickwick' 80
Cupressus x *leylandii* 67

Dahlia 29 43, 45, 80
– 'Akita' 80
– 'Bischof von Llandaff' 43, 80
– 'Emery Paul' 80
– 'Jescot Julie' 80
– 'Mizou Noir' 80
– 'Wooton Cupid' 80
Dahlie 29, 43, 45, 80
Delphinium 38, 39
– 'Blue Bees' 39
– *grandiflorum*
– – 'Blue Butterfly' 38
Dicentra spectabilis 54, 81
– 'Alba' 81
– 'Bacchanal' 81
Digitalis purpurea 39

Drainage 16, 103
Dünger 18, 103
Duftpflanzen 42, 103

Echinacea 63
Edeldistel 63
Efeu, Irischer 59
Eibe, Europäische 67
Einjährige 106
– einpflanzen 8
– aussähen 14
Einpflanzen 8, 10, 12, 26, 27, 28, 32, 64
– von Blumen 8
– von blühenden Rosenstöcken 32
– von Frühjahrszwiebeln 27, 28
– von Lilien 26
– von Sommerzwiebeln 26, 29
– von Sträuchern 12
– von Winterheide 64
– von Zwiebeln 10
Eis 68
Elefantengras 63
Elfenbein-Mannstreu 46
Elfenblume 59
Eranthis hiemalis 69
Erica 64, 67, 81
– *carnea* 64, 67, 81
– – 'Springwood White' 67
– 'Kramers Rote' 81
– 'Silberschmelze' 81
– 'Winter Beauty' 81
– x *darleyensis* 64, 81
Eryngium 46, 63
– *giganteum* 46
Eschscholzia californica 45
Estragon 35
Etagenprimeln, Japanische 31
Eucomis 10
Euphorbia characias 82

– *characias* ssp. *wulfenii* 82
– 'Portuguese Velvet' 82

Fächerblume 40
Färberkamille 73
Fetthenne 50, 53, 97
Fingerhut, Roter 39
Fingerkraut 43
Flächenregner 16, 47
Fleißiges Lieschen 88
Flockenblume 78
– Berg- 41
Frauenfarn 54
Frauenmantel 41, 72
– Weicher 72
Fritillaria imperialis 28
Frost 58, 68, 104
Fuchsia magellanica 82
– 'Aurea' 82
– 'Gracilis' 82
– 'Molinae' 82
– 'Riccartonii' 82
– 'Tricolor' 82
Fuchsie 82
Funkie 31, 51, 54, 55, 86
– Schmalblatt- 38

Gaillardia 41
Galanthus nivalis 69, 83
– 'Flore Pleno' 89
Galtonia candicans 10
Gartenmargerite 90
Gartenpflege 18
– vor dem Winter 63
Gaura lindheimeri 83

Register 115

Register

– 'Siskiyou Pink' 83
– 'Whirling Butterflies' 83
Gazania 52
Gazanie 52
Geranium 'Biokovo' 39
– *macrorrhizum* 59, 84
– – 'Orion' 84
– *psilostemon* 84
– *sanguineum* 57, 84
Gewöhnliche Nachtkerze 42
Gewürzbeet 35
Gladiolus callianthus 29
Glockenblume 39, 46, 77
– Pfirsichblättrige 46
– Polster- 77
Godetia 'Sybille Sherwood' 30
Goldkolben 63
Goldmohn 45
Greiskraut, Silber- 27, 40
Grindkraut 41
Gypsophila paniculata 46

Hainblume 30
Hamamelis mollis 65
– 'Pallida' 65
Hartriegel, Tatarischer 67
Heide, Englische 64, 81
Heilpflanzen 35
Helianthus annuus 84
– 'Herbstschönheit' 84
– 'Giganteus' 84
– 'Russian Giant' 84
Helichrysum petiolare 40
Helictotrichon sempervirens 57
Helleborus 65, 69, 85
– *niger* 65, 85
– *orientalis* 65, 69, 85
Hemerocallis 43, 45, 85
– 'Burning Daylight' 43, 85

– 'Corky' 85
– 'Crimson Pirate' 85
– *fulva* 85
– – 'Kwanso Flore Pleno' 85
– 'Stella de Oro' 85
Herbstanemone 53, 72
Herbstblumen, Winterharte 50, 53
– einpflanzen 56
Heuchera 'Palace Purple' 55
Hibiscus syriacus 86
– 'Chifon'-Serie 86
– 'Red Heart' 86
– 'Russian Violet' 86
– 'William R. Smith' 86
Hibiskus 85
Hirse 52
Hornveilchen 46, 99
Hortensie, Garten- 87
Hosta 31, 51, 54, 55, 86
– 'Halcyon' 86
– 'Frances Williams' 86
– *plantaginea* 86
– – 'Grandiflora' 86
– *sieboldiana* 38
– – 'Elegans' 38
– 'So Sweet' 54
Hyacintus 87
– 'Bleu de Delft' 87
– 'Blue Jacket' 87
– 'Carnegie' 87
– 'City of Haarlem' 87
– 'Lady Derby' 87
Hyazinthe 87
Hydrangea macrophylla 87
– 'Hörnli' 87
– 'Rosita' 87
– 'Steiniger' 87
– 'Tovelit' 87

Igelkopf 63
Immergrün 59
Impatiens walleriana 88
Insekten 105
– Bekämpfung von 20
Iris germanica 88
– 'Beverly Sills' 88
– 'Granada Gold' 88
– 'Skating Party' 88
– 'Stepping Out' 88
– 'Study in Black' 88
Johanniskraut 59

Kaiserkrone 28, 48
Kamelie 68
Kaninchen 104
Kapuzinerkresse 43, 98
Katzenminze 41, 94
Kletterpflanzen 106
Klima 106
Kokardenblume 41
Kompost 106
Königskerze 63
Krankheiten 107
– Behandlung von 20
Kreuzkraut 31, 55, 63
Krokus 80
– Dalmatiner 69
– Frühlings- 80
Kübel, bepflanzen 12, 32, 72
Kübelpflanzen 35

Laurus nobilis 35
Lavandula angustifolia 89
– 'Goldburgh' 89
– 'Hidcote' 89
– 'Loddon Pink' 89
– *stoechas*
– – 'Pedunculata' 89
Lavatera 89
– 'Barnsley' 89
– 'Bredon Springs' 89
– 'Burgundy White' 89
– 'Candy Floss' 89
– 'Shorty' 89
– 'White Satin' 89
Lavendel, Echter 89
Lein 30
Leucanthemum x superbum 90
– 'Beauté Nivelloise' 90
– 'Clairette' 90
– 'Petite Princesse d'Argent' 90
– 'Reine de Mai' 90
– 'Sonnenschein' 90
– 'Wirral Supreme' 90
Ligularia 31, 55, 63
– *dentata* 'Desdemona' 31, 55
Lilie 26, 90
Lilienhähnchen 26, 90
Lilium 26, 90
– – 'Enchantment' 26, 90
– – 'Star Gazer' 90
– *candicum* 48
– *henryi* 26, 90
– – 'Black Beauty' 26
– *regale* 26, 90
Linum grandiflorum 'Venise' 30
Lorbeer 35
Löwenmaul 39, 43, 73
– Garten- 73
Lupine 41, 91
Lupinus x polyphyllus 91

– 'Minarette' 91
– Russells Hybriden 91

Mädchenauge 41, 45, 79
Mahonia 57, 65
– 'Winter Sun' 57
– *x media* 65
– – 'Buckland' 65
– – 'Charity' 65
Mahonie 57, 65
Margerite, Strauch- 40
Mehltau, Echter 20
Melissa officinalis 'Aurea' 35
Mentha 35, 91
– *longifolia* 'Buddleia' 91
– *suaveolens* 'Variegata' 35, 91
– x *piperita* 91
Minze 35, 91
Mirabilis jalapa 42, 92
– 'Harlekin' 92
– 'Tea Time' 92
Miscanthus 63, 92
– 'Morning Light' 92
– 'Silberfeder' 92
– *sacchariflorus* 92
Mohn, Türkischer 95
Montbretie 29, 43
Mulch 18, 47, 58, 59, 107
Myosotis alpestris 93
– 'Compindi' 93
– 'Indigo' 93
– 'Rosylva' 93

Nachtkerze, Gewöhnliche 42
Nacktschnecken 104

Namen 107
Narcissus 93
– 'Carlton' 93
– 'Fortissimo' 28
– 'Geranium' 93
– 'Ice Follies' 93
– 'Thalia' 93
– 'Salmon Trout' 93
Narzisse 29, 93
Nemophila menziesii 30
Nepeta 94
– 'Dawn to Dusk' 94
– 'Six Hills Giant' 94
– 'Snowflake' 94
Neuseelandflachs 52
Nickendes Leimkraut 27
Nicotiana 40
– *sylvestris* 42
Nieswurz 85
– Orientalischer 65, 69, 85

Oenothera biennis 42
Oregano 35
Origanum vulgare 'Aureum' 35

Paeonia lactiflora 94
– 'Albert Crousse' 94
– 'Bowl of Beauty' 94
– *officinalis* 94
– – 'Rubra Plena' 94
Panicum 'Rehbraun' 52
Papaver orientalis 95
– 'Beauty of Livermere' 95
– 'Garden Glory' 95
– 'Mary Finnan' 95

Register

– 'Perry's White' 95
Perowskia 63
Perowskie 63
Petunie 30
Pfefferminze 91
Pfingstrose, Chinesische 94
Pflanzabstand 108
Pflanzenschnitt 108
Phalaris arundinacea 31, 46
– 'Feesey's Form' 46
– 'Picta' 31
Phormium tenax 'Atropurpureum' 52
pH-Wert 108
Polystichum setiferum 'Proliferum Densum' 95
Potentilla atrosanguinea 43
Prachtkerze 83
Prachtspiere 63
Primel 27, 31, 96
Primula 27, 31, 96
– 'Corporal Baxter' 96
– 'Dawn Ansell' 96
– *japonica* 31
– 'Quaker's Bonnet' 96
Prunus cistena 43
– 'Okame' 57
Purpurglöckchen 55

Rasen 6, 8, 10, 51, 77, 80
– kanten 51, 108
– Zwiebelpflanzen im 10
Reitgras 52
Ringelblume, Garten- 76
Rittersporn 38, 39, 41
Rohrglanzgras 31, 46
Rosa 38, 39, 57, 96
– 'Cornelia' 96
– 'Emera' 96
– 'Éric Tabarly' 96

– 'Ghislaine de Féligonde' 96
– 'Graham Thomas' 38
– 'Little White Pet' 96
– 'Opalia' 96
– 'Phyllis Bide' 39
– 'Pierre de Ronsard' 96
– 'Pink Cloud' 96
– *rugosa* 57
– 'Seagull' 39
– 'The Fairy' 96
Rose 32, 38, 39, 57, 96
– strauchförmige 38
– Kletter- 39
– einpflanzen 32
Roseneibisch, Echter 86
Rost 20
Rudbeckia 50, 63, 97
– *fulgida* var. *sullivantii* 50, 97
– – 'Goldsturm' 50, 97
Rußtau 20

Salbei 35, 41, 74
– Silber- 39
– Steppen- 41
Salvia
– *argentea* 39
– *nemorosa* 41
– *officinalis* 35
– – 'Purpurea' 35
– *uliginosa* 74
Sandkirsche, Rote 43
Scabiosa 41
Scaevola 40
Schädlinge 105
– Bekämpfung von 20
Schafgarbe 41, 63
Scheinzypresse 67
Schildfarn, Grannen- 95
Schildläuse 20

Schleierkraut, Riesen- 46
Schmetterlingslavendel 89
Schmuckkörbchen 79
Schmucklilien 29
Schnecken 104
Schnee 68
– Beseitigung von 68
Schneeglöckchen 69, 83
Schneeheide 64, 67, 81
Schokoladenblume 29
Schopflilie 10, 29
Schwertlilie 88
Schwingel 64
Sedum 50, 53, 97
– 'Herbstfreude' 50, 53, 97
– 'Matrona' 53
– *spectabile* 53, 97
– – 'Brilliant' 53
– – 'Frosty Morn' 53
– – 'Iceberg' 53
Senecio 27, 40
– *cineraria* 27
– *maritima* 40
Silberkerze 63
Silene pendula 27
Sommerazalee 30
Sommerflieder 75
Sommerhyazinthe 10
Sonnenblume 84
– Beet für 39
Sonneneinstrahlung 109
Sonnenhut 50, 97
Sonnenröschen 84
– 'Giganteus' 84
– 'Herbstschönheit' 84
– 'Kalifornischer Riese' 84
Sorte 107
Spalier 33, 109
Spaten 113
Spornblume, Rote 41
Spritzmittel 20
Stachys byzanthina 55
Stauden 8, 31, 41, 50, 53, 109

– der Nachsaison 50, 53
– einpflanzen 8, 31
– mehrfach blühende 41
– spät blühende 50
Staunässe 16
Stecklingsvermehrung 111
Sterndolde, Große 38
Sterngladiole 29
Stern-Ligularie 55
Stiefmütterchen 39, 99
Storchschnabel 39, 41, 51, 57, 59, 84
– winterharter 84
– Stauden- 39, 41, 51
Sträucher 110
– einpflanzen 12
– vor Frost schützen 58
Strauchmalve 89
Strohblume, Lakritz- 40
Studentenblume 98
Stützen 33, 110

Tabak, Virginischer 40, 42, 49
Tagetes patula 98
– 'Honeycomb' 98
– 'Majestic' 98
Taglilie 43, 45, 51, 85
Taubnessel 59
Taxus baccata 'Fastigiata Aurea' 67
Teilen von Pflanzen 50, 111
Thalictrum aquilegiifolium 'Album' 54
Thymian 35
Thymus vulgaris 35
– 'Aureus' 35
– 'Silver Posie' 35
Topiari 110
– Buchsbaum- 46, 62
Tränendes Herz 54, 81
Trockenheit 47
Trollblume 31

Tropaeolum 43, 98
– 'Alaska' 98
– 'Empress of India' 43, 98
– 'Jewel of Africa' 98
– 'Peach Melba' 98
Tropfbewässerung 47
Tulipa 27, 28, 99
– 'Angelique' 99
– 'Apricot Beauty' 99
– 'Chaperon Rouge' 28
– 'Coleur Cardinal' 27
– 'Georgette' 99
– 'Plaisir' 28
– 'White Triumphator' 99
– *tarda* 99
Tulpe, 27, 28, 99

Umpflanzen 110
Unkraut 6, 10, 18, 47, 59, 111
– jäten 18, 111

Veilchen 39, 46, 54, 99
Verbascum 63
Verbena 40
Verbene 40
Verdunstung 47
Vergissmeinnicht, Alpen- 93
Vermehrung 111
Viola 39, 46, 99
– 'Antique Shades' 99
– *cornuta* 46, 99
– – 'Alba' 46
– 'De Chalons' 99
– 'Johnny Jump Up' 99
– 'Précurseur' 99

– 'Princess' 99
Vögel fernhalten 14

Wasserdost 63
Wässern 12, 16, 47, 112
Wiesenhafer, Blaustrahl- 57, 64
Wiesenraute, Akeleiblättrige 54
Wind 16, 18
Winter
– blüten 65, 69
– hart 112
Winterheide 64, 67, 81
Winterling 69
Wolfsmilch, Palisaden- 82
Wollziest 55
Wucherblume 78
Wunderblume 42, 92

Zaubernuss, Chinesische 65
– 'Pallida' 65
Zierahorn, Japanischer 38
Ziergräser 52, 64, 112
Zierkirsche, Japanische 57
Ziertabak 42
Zitronenmelisse 35
Zubehör 113
Zweijährige 113
– einpflanzen 8, 27
Zweizahn 40
Zwiebel 10, 27, 28, 69, 113
– Sommer- 26, 69
– Winter 69
– Frühjahrs- 27, 28

Impressum

ISBN 978-3-8094-2593-9

© der deutschen Erstausgabe 2010 by Bassermann Verlag, einem Unternehmen der Verlagsgruppe Random House GmbH, 81673 München
© der französischen Originalausgabe: Larousse 2007
Originaltitel: Les Petits Truffaut – Fleurs coup de cœur
Die Verwertung der Texte und Bilder, auch auszugsweise, ist ohne Zustimmung des Verlags urheberrechtswidrig und strafbar. Dies gilt auch für Vervielfältigungen, Übersetzungen, Mikroverfilmung und für die Verarbeitung mit elektronischen Systemen.

Umschlaggestaltung: Atelier Versen, Bad Aibling
Übersetzung: Herprint international CC, Thomas Ulber, Bredell, Südafrika
Grafische Gestaltung: Jean-Yves Grall
Gesamtproducing: berliner buch.macher
Herstellung: Sonja Storz

Die Ratschläge und Informationen in diesem Buch sind von Autor und Verlag sorgfältig erwogen und geprüft, dennoch kann eine Garantie nicht übernommen werden. Eine Haftung des Autors bzw. des Verlags und seiner Beauftragten für Personen-, Sach- und Vermögensschäden ist ausgeschlossen.

Druck: TIEN WAH PRESS, Singapur
Printed and bound in Singapore

817 2635 4453 6271

Bildnachweis

Fotos
Die Fotos für dieses Buch wurden von Philippe Ferret (26, 29, 30, 38, 39, 56, 57, 62, 72, 73, 74, 75, 76, 77, 78, 79, 80, 81, 82, 83, 84, 85, 86, 87, 88, 89, 90, 81, 92, 93, 94, 95, 96, 97, 98, 99) bzw. von der Bildagentur MAP/Mise au point (ZAC des Aunettes, D27-10, Boulevard Louise-Michel, F-91030 Evry Cedex, Frankreich) zur Verfügung gestellt. Mitgewirkt haben dabei:
A. Descat: 27, 36, 40, 42, 48, 53, 54, 55, 58, 59, 60, 64, 65, 87; F. Didillon: 28, 29, 51, 55, 59; A. Guerrier: 40; N. & P. Mioulane: 26, 29, 32, 33, 40, 41, 42, 47, 51, 53, 59, 63; C. Nichols: 31, 34,35, 43, 44, 45, 46, 50, 52, 53, 66, 67, 68, 69; P. Nief: 42, Noun: 51; F. Strauss: 41.